THÈSE

pour

LE DOCTORAT.

THÈSE POUR LE DOCTORAT

A MES PARENTS

A MES AMIS

UNIVERSITÉ DE FRANCE. — ACADÉMIE DE RENNES

FACULTÉ DE DROIT

THÈSE POUR LE DOCTORAT

DROIT ROMAIN

De la Pignoris Capio ex causa judicati

(Dig., lib. XLII, tit. I, *de Re judicata*, L. 15).

DROIT FRANÇAIS

De la Saisie-Arrêt

(Code de proc., art. 557-583).

Cette Thèse sera soutenue le mercredi 23 juillet 1879

A DEUX HEURES ET DEMIE

Par M. ROUXEL (Jules-René)

AVOCAT A LA COUR D'APPEL

EXAMINATEURS

MM. BODIN, doyen; LÉON, DE CLAUZERAY, GUÉRARD, professeurs; RIPERT et JARNO, agrégés.

RENNES

CH. OBERTHUR ET FILS, IMPRIMEURS DE L'ACADÉMIE

1879

PREMIÈRE PARTIE.

DROIT ROMAIN.

De la Pignoris Capio ex causa judicati

(Dig., lib. XLII, tit. I, *de Re judicata*, L. 15).

SECTION I.

IDÉE GÉNÉRALE DES VOIES D'EXÉCUTION A ROME.

Il y a trois phases distinctes dans la procédure en droit romain. — D'abord le *système des actions de la loi* ou du vieux droit civil, bien antérieur à la loi des XII Tables, aboli en partie par la loi *Æbutia* (577 ou 583 de Rome), et complétement par les lois *Juliæ* sous Auguste; — le *système formulaire ou prétorien*, qui naît avec le préteur (387 de Rome), s'organise principalement avec le préteur pérégrin (507 de Rome), et finit par triompher vers le temps de Cicéron; — enfin le *système de la procédure extraordinaire*, qui date de fort loin, qui s'accentue peu à peu, et finit par remplacer le précédent vers le Bas-Empire, sous Dioclétien (294 après J. C.).

Nous allons esquisser rapidement, avant d'aborder l'étude de la *pignoris capio ex causa judicati*, les différentes voies d'exécution qui ont existé à chacune de ces époques.

§ 1. — *Système des actions de la loi.*

A cette époque, l'exécution sur les biens du débiteur n'occupe qu'une place secondaire; elle est entièrement effacée par l'exécution sur la personne qui joue un rôle important dans l'histoire politique de Rome. Nulle part, en effet, la condition des débiteurs n'apparaît aussi dure, et les rigueurs des créanciers sont, avec les lois agraires, la cause principale des séditions qui ont ensanglanté Rome dans les premiers temps de la République.

Au point de vue de l'exécution sur la personne, il faut distinguer les *nexi* des *addicti*, autrement dit la contrainte conventionnelle de la contrainte résulant d'un jugement.

— La loi des XII Tables avait admis que, quand un individu empruntait, il pût, comme garantie pour le créancier, manciper sa propre personne, et en même temps ses biens et les personnes qui se trouvaient sous sa puissance : *Qui nexum faciet mancipiumque uti lingua nuncupassit, ita jus esto* (1). Cette obligation du *nexus* n'avait d'effet qu'à l'époque de l'exigibilité de la dette. A défaut de payement à cette époque, le créancier avait le droit de s'emparer du débiteur, de son autorité privée, et de le réduire à une sorte d'esclavage.

— Indépendamment de toute convention formelle à cet égard, la contrainte personnelle résultait d'un jugement qui attribuait au créancier la personne du débiteur : c'était l'*addictio.*

A partir du jour où le débiteur avait été condamné à payer, il avait trente jours pour s'acquitter. Après co délai et faute de payement, il y avait lieu à la procédure de

(1) Table VI.

la *manus injectio*. Le créancier amenait de nouveau son débiteur devant le magistrat qui prononçait l'*addictio*. Le débiteur *addictus* était livré à son créancier, qui pouvait l'emmener chez lui, l'employer aux plus rudes travaux, et le charger de fers. Cependant l'*addictus* restait libre en droit : son sort était en suspens, et il ne s'opérait en sa personne aucune *deminutio capitis*. Cette détention du débiteur dans la maison du créancier durait soixante jours, pendant lesquels ce dernier le conduisait, à trois jours de marché, devant le préteur et proclamait la somme qui lui était due, afin de permettre aux amis du débiteur de le délivrer en payant sa dette. Si au bout de ce délai aucun résultat n'était obtenu, la loi permettait au créancier de vendre son débiteur *trans Tiberim,* et même une disposition barbare de la loi des XII Tables, qu'on a vainement cherché à entendre dans un sens figuré, permettait aux créanciers, s'ils étaient plusieurs, de se partager son corps : *Tertiis nundinis, partes secanto; si plus minusve secuerint, ne fraude esto* (1).

L'action *per manus injectionem* était le mode de poursuite employé sur la personne du débiteur qui avouait sa dette, ou qui, s'étant laissé condamner *in judicio*, n'exécutait pas son obligation. Elle n'avait d'application qu'en matière d'obligations. En matière de droits réels, la condamnation ne faisait pas du défendeur un débiteur; le demandeur était simplement reconnu avoir tel droit, et s'il avait besoin de la force publique pour se mettre en possession de la chose qu'on lui attribuait, il pouvait y recourir.

La loi *Petilia,* vers l'an 425 de Rome, supprima le *nexum* et laissa subsister l'*addictio;* mais elle adoucit la

(1) Table III.

situation des débiteurs, et défendit aux créanciers de les charger de chaînes ou d'entraves, *ne in compedibus aut in nervo tenerentur*. De plus, elle permit aux débiteurs d'éviter la contrainte personnelle, en affirmant sous serment qu'ils donnaient à leurs créanciers tout ce qu'ils possédaient ; *et omnes qui bonam copiam jurarent, ne essent nexi, sed soluti* (1).

— Il existait cependant en droit romain une voie d'exécution sur les biens : c'était la *pignoris capio* (2). Cette voie d'exécution était tout à fait exceptionnelle dans le système des actions de la loi, et véritablement étrangère aux créances privées, car elle n'avait lieu que dans certains cas peu nombreux, qui intéressaient le *service militaire*, les *sacrifices* ou le *Trésor public ;* le créancier, dans ce cas, était autorisé à s'emparer lui-même, comme gage, d'une chose appartenant à son débiteur, et celui-ci ne la libérait qu'en payant. C'était uniquement parce que cette prise de gage s'accomplissait en prononçant des paroles sacramentelles (*certis verbis*), que la plupart des jurisconsultes la rangeaient parmi les actions de la loi ; mais elle en différait en trois points essentiels : 1° elle avait lieu hors de la présence du préteur, *extra jus ;* 2° elle pouvait se faire même en l'absence du débiteur ; 3° et même un *jour néfaste* où il n'était pas permis d'agir par action de la loi ; aussi quelques jurisconsultes refusaient-ils de la considérer comme une de ces actions. — On croit généralement que la *pignoris capio* fut abolie par la loi *Julia* vers l'an 728.

La question de savoir si, en dehors de la *pignoris capio*, il pouvait y avoir à cette époque exécution sur les biens, est

(1) Varron, III, cv.
(2) Gaii *Comm. IV*, §§ 26-29.

fort obscure. Certains textes semblent indiquer que cette exécution était possible en vertu d'un contrat, c'est-à-dire au cas de *nexum* (1), ce qui s'explique facilement si l'on admet que le *nexus* tombe sous le *mancipium* de son créancier. Mais l'existence d'une exécution sur les biens, en vertu des jugements, ne semble pas suffisamment démontrée.

§ 2. — *Système formulaire.*

L'exécution forcée de la sentence a cela de particulier, sous le système formulaire, que la condamnation étant toujours pécuniaire, il s'agit toujours de contraindre le débiteur au payement d'une somme d'argent déterminée. — Cela a lieu, même pour les condamnations intervenues sur des actions réelles ; mais le *jussus* préalable des actions arbitraires peut, dans la plupart des cas, s'exécuter *manu militari*, c'est-à-dire par l'emploi de la force publique dont dispose le préteur.

— Le droit du créancier contre la personne du débiteur, exercé jadis au moyen de la *manus injectio* s'est conservé, non pas dans la même forme et avec les effets rigoureux de l'*addictio*, mais comme un droit de prise et d'asservissement contre le débiteur condamné, pour le contraindre à s'exécuter. Les formalités de la *manus injectio* n'avaient plus lieu, mais le créancier, après le délai légal, obtenait du préteur prononçant *extra ordinem* un *duci jubere*, c'est-à-dire un ordre qui l'autorisait à emmener son débiteur et à le détenir chez soi, travaillant à son service, jusqu'à l'acquittement de la dette, sans que le débiteur perdit pour

---

(1) Denys d'Halicarnasse, VI, XXIX, XXXVII, XLI. — Tite-Live. II, XXIII, XXIV. — Loi *Pætilia*, etc.

cela son ingénuité, qu'il devînt esclave, de fait ni de droit, et sans que les enfants pussent être contraints à servir aussi pour la dette du père.

— Mais le moyen d'exécution véritablement propre au système formulaire, et substitué par le droit prétorien à l'ancienne *manus injectio*, fut la *missio in possessionem* du créancier ou des créanciers, sur l'universalité des biens du débiteur. On se fera une idée assez exacte de cette voie de contrainte, en disant qu'elle est une imitation presque fidèle de la *manus injectio*, avec cette différence, qu'au lieu de la personne, c'est l'universalité des biens du débiteur qui en fait l'objet.

Après l'ancien délai de trente jours, le préteur rend, *extra ordinem*, un décret par lequel il ordonne, comme autrefois, que le débiteur soit emmené, *duci jubere;* et en outre que l'universalité de ses biens soit possédée par les créanciers (*bona possideri*), annoncée publiquement, par affiches écrites, comme devant être vendue (*proscribique*), et enfin vendue (*venireque*). — A partir de ce décret, de nouveaux délais dont le total recompose le chiffre de *soixante jours*, le même encore que celui des XII Tables, sont employés à faire l'annonce par affiches de la vente future (*proscriptio*), la nomination d'un syndic (*magister*) et la publication des conditions de la vente (*lex bonorum vendendorum*). — Puis a lieu la vente de l'universalité des biens (*bonorum emptio*), ou plutôt de la personnalité juridique du débiteur, comme avait lieu jadis celle de sa personne physique vendue *peregre trans Tiberim*. L'addiction de cette universalité est faite à celui qui offre de payer aux créanciers le plus fort dividende. Ce ne sont pas les biens isolément, c'est l'universalité, l'ensemble des droits actifs et passifs, en un mot, la personne juridique du débiteur que cet acquéreur assume sur lui. Il est son successeur universel, propriétaire, créancier et débiteur en son lieu et place, sauf le bénéfice de la réduction des créances, selon la loi de la vente.

En conséquence, le débiteur est dépouillé de la personne juridique qu'il avait auparavant quant à tous les actes d'intérêt pécuniaire qui ont précédé cette *venditio,* du moins suivant le droit prétorien, et il commence désormais, par rapport aux biens, une personne nouvelle. Il est, de plus, noté d'infamie et son *existimatio* est détruite; mais il n'encourt pas la *capitis deminutio.*

— Il ne faut pas confondre avec l'*emptio bonorum* la *sectio bonorum* qui est plus ancienne encore, et qui appartient, non pas comme la précédente au droit prétorien seulement, mais au droit civil lui-même. La *sectio bonorum* s'applique à l'universalité des biens de celui qui, sur une accusation publique (*per publicum judicium*), a été criminellement condamné (*damnatus et proscriptus*) à une peine entraînant attribution de ses biens au Trésor public (*publicatio*). Le préteur envoyait les questeurs du Trésor en possession de l'universalité des biens, et ceux-ci en faisaient publiquement la vente sous le symbole quiritaire de la propriété civile, *sub hasta.* Ceux qui acquéraient cette masse universelle de biens étaient des successeurs universels selon le droit civil; aussi Varron place-t-il la *sectio bonorum* au nombre des moyens d'acquérir le *dominium ex jure Quiritium* (1).

Comme l'intention de ces acquéreurs était communément de revendre ensuite les biens en détail, on les appela à cause de cela *sectores.* C'est à la *sectio bonorum* aussi bien qu'à

(1) Varron, II, X.

la *manus injectio*, que le préteur a emprunté les formalités de la *venditio bonorum*.

— Vers la fin de la République, par une loi *Julia*, probablement une des lois *Juliæ judiciariæ*, un moyen fut ouvert au débiteur obéré, malheureux et de bonne foi, d'échapper au double inconvénient de la *contrainte par corps* contre sa personne et de l'*infamie* attachée à la *bonorum emptio* forcée. Ce fut de faire volontairement à ses créanciers cession de biens, *bonorum cessio*, c'est-à-dire abandon de l'universalité de ses biens. Là-dessus, la vente se poursuivait et avait lieu par universalité, comme dans le cas d'exécution forcée. Mais les créanciers, non payés intégralement, conservaient le droit de poursuivre leur débiteur pour le payement de ce qui leur restait dû, s'il venait à acquérir de nouveaux biens, et alors, il était condamné envers eux *quantum facere poterat*.

— Un sénatusconsulte qui existait déjà au temps de Marc-Aurèle et de Gaius apporta à l'exécution par *emptio bonorum* une exception privilégiée qu'il importe beaucoup de remarquer. Il ordonna que, lorsque le débiteur serait une *clara persona*, par exemple, un sénateur ou son *uxor*, les biens au lieu d'être vendus en masse par le procédé de l'*emptio bonorum*, ce qui emportait infamie et succession universelles, le seraient simplement en détail, par le ministère d'un curateur aux biens, *curator* (1). C'est là ce qu'on appelle la *distractio bonorum* ou vente en détail des biens. La *distractio* n'entraîne aucune note d'infamie, aucune succession; mais aussi elle ne libère pas le débiteur si le prix des objets vendus ne peut pas suffire à payer intégralement les créanciers.

---

(1) D., 27, 10, *de Curat. fur. et aliis.* — D., 42, 7, *de Curat. bon. dando.*

— Toutes les voies d'exécution, dont nous venons de parler, portent sur le patrimoine entier; mais il y avait aussi des voies d'exécution sur un ou plusieurs objets particuliers.

D'abord, un droit d'exécution tout spécial pouvait être conféré au créancier par la convention même et quelquefois par la loi suppléant à la convention. Dans cet ordre d'idées se présentent successivement la *fiducie* qui transfère la propriété, le *gage* qui ne transfère que la possession, l'*hypothèque*, simple droit réel indépendant de toute possession.

En second lieu, pour l'exécution des sentences, la *pig loris capio ex causa judicati*, que nous allons étudier spécialement, permettait de saisir quelques biens seulement du débiteur condamné.

§ 3. — *Système des* judicia extraordinaria.

A cette époque, la condamnation n'est plus nécessairement pécuniaire; elle peut avoir directement pour objet la chose même demandée. Justinien dit positivement que la condamnation doit être soit d'une somme d'argent (*certæ pecuniæ*), soit d'une chose (*rei*). Il n'y a donc plus à distinguer le *jussus* de la sentence.

— Le droit du créancier contre la personne du débiteur, exercé jadis au moyen de la *manus injectio*, s'est conservé sous l'Empire et existait même encore au temps de Justinien, mais seulement comme un droit de prise et d'asservissement contre le débiteur condamné pour le contraindre à s'exécuter. Quoiqu'il ait été défendu par Zénon et Justinien comme crime de lèse-majesté d'établir des prisons privées, *privata carcera* (1), cependant cette contrainte par corps pour dettes

(1) Cod., 9, 5, *de privatis Carcer.*, C. 1. — Cod., 1, 4, *de Episcop. aud.*, C. 23.

ne consistait pas, même en ces derniers temps, en une simple détention dans une prison publique. Il y avait toujours une sorte d'asservissement privé du débiteur, comme travailleur au profit du créancier.

— La *distractio bonorum*, qui n'était d'abord qu'un privilége, est devenue le droit commun et a remplacé totalement la *venditio bonorum*.

— On trouve encore au Digeste la trace de la *sectio bonorum* (1); mais elle est remplacée par la confiscation *publicatio.*

— La cession de biens existe toujours. De plus, une constitution de Justinien (2) donne aux créanciers un droit d'option entre la cession de biens et un délai de cinq ans. — Il en est de même de l'exécution sur les objets affectés par le débiteur au payement de la dette, et de la *pignoris capio ex causa judicati.*

— Il est à remarquer que les cas d'application de l'exécution sur le patrimoine entier, seule usitée à l'origine, sont toujours allés en se restreignant et que l'exécution sur objets particuliers a fini par devenir le droit commun. Nous allons voir comment s'est produit ce changement, en recherchant l'origine de la *pignoris capio ex causa judicati.*

SECTION II.

ORIGINE DE LA *pignoris capio ex causa judicali.*

— Nous savons que le moyen d'exécution véritablement propre au système formulaire et substitué par le droit prétorien à l'ancienne *manus injectio* fut la *venditio bonorum.*

(1) D., 17, 2, *pro Socio*, 63, § 12.
(2) L. 8 : *Qui bonis.*

Ce mode d'exécution portait sur l'ensemble du patrimoine et offrait ce caractère qu'il était établi, non au profit de chaque créancier isolément, mais pour tous les créanciers considérés en masse dont les intérêts étaient ainsi associés; il était surtout avantageux contre un débiteur en déconfiture.

Mais toutes les fois qu'un créancier avait à vaincre la résistance du débiteur qui lui refusait le payement, alors même qu'il s'agissait d'une somme modique, fallait-il en venir à des mesures de cette nature, fallait-il ainsi faire intervenir tous les créanciers? C'eût été impossible en pratique : aussi le préteur, à côté du mode d'exécution sur l'ensemble des biens, en admit un plus simple, consistant dans la saisie et la vente d'un ou de quelques biens appartenant au débiteur, et sur le prix desquels le créancier se faisait payer. Il semble que la *vendilio bonorum* était employée, nous l'avons déjà dit, en présence d'un insolvable, et la *pignoris capio* quand il s'agissait d'un débiteur de mauvaise volonté : « Si qui tamen *per contumaciam*, magis » quam quia non possunt explicare pecuniam, differant » solutionem (1). »

Quoi qu'il en soit, dans le dernier état du droit, l'envoi en possession ne s'applique plus guère que pour les cas où le débiteur est absent ou n'est pas défendu. Le mode d'exécution des jugements est alors celui que nous allons étudier (*pignoris capio ex causa judicati, — pignus in causa judicati captum*). Il s'applique du reste également au cas où il y a *confessio in jure* (2).

L'idée qui a présidé à l'organisation de la *pignoris capio ex causa judicati*, a probablement son origine dans la

____

(1) L. 31, *de Re judicata.*
(2) L. 31, *de Re judicata.*

pignoris capio des actions de la loi. Mais à la volonté des parties s'est substituée l'autorité du magistrat, et ainsi une sûreté réelle, analogue au droit-de gage, s'est trouvée constituée au profit du créancier; c'est d'ailleurs ce qu'indique le nom même que porte cette saisie.

Ce mode d'exécution est souvent attribué par les auteurs à un rescrit d'Antonin le Pieux, que rapporte Callistrate dans la loi 31, *de Re judicata*. Il faudrait supposer alors que, pendant plusieurs siècles, l'exécution sur des objets particuliers du patrimoine du débiteur n'existait pas. Il est vrai que le rescrit d'Antonin est le premier monument juridique que nous connaissions sur la *pignoris capio ex causa judicati;* mais l'empereur ne paraît pas innover; il semble, au contraire, se référer à un usage reçu, pour le consacrer et le réglementer.

Ce qui le prouve, c'est que cette disposition est un rescrit, décision impériale qui commente, explique un droit existant, mais ne le crée pas. D'autre part, les décisions impériales qui règlent la matière sont aussi des rescrits : *A divo Pio rescriptum est...* (L. 15, pr., *de Re judicata*). *Imperator noster cum patre rescripsit* (*eod.*, § 1). Ajoutons que le premier rescrit dont nous avons parlé est adressé à un proconsul, autre preuve que cette mesure n'a pas un caractère général, mais concerne une seule province.

C'est donc au préteur qu'il faut rapporter l'honneur de l'introduction de cette voie d'exécution. Est-il d'ailleurs admissible que depuis l'organisation de l'exécution sur les biens, qui remonte au plus tard à la première moitié du VIIe siècle de Rome, jusqu'au règne d'Antonin, c'est-à-dire au commencement du Xe siècle, la pratique ait pu se contenter de l'envoi en possession et de la vente du patrimoine, surtout quand, incontestablement, les magistrats romains avaient le droit de saisir des gages pour assurer l'exécution de leurs ordres? Du reste, les textes sont loin d'être contraires à notre opinion. La loi 3 : *Si in causa judicali,* s'exprime ainsi : *Pignora ex auctoritate præsidis capta,* et la loi 1, § 3, *de inspic. Ventre,* appelle ces sortes de gages des *prætoria remedia.*

SECTION III.

EN VERTU DE QUOI, PAR QUELLE AUTORITÉ, QUAND PEUT ÊTRE OPÉRÉE L'EXÉCUTION ET PARTICULIÈREMENT LA *pignoris capio ?*

§ 1.— *Titres en vertu desquels elle pourait être opérée.*

Le droit romain ne connaissait rien de semblable à nos titres exécutoires. Il fallait donc nécessairement (en dehors de la *fiducie* ou du *gage*), que le créancier, pour arriver à une exécution forcée, obtînt une décision judiciaire rendue après des débats régulièrement organisés. Un simple ordre du magistrat ne saurait suffire.

Toutefois, si le débiteur amené *in jus,* reconnaissait le droit prétendu contre lui, la constatation de son aveu, faite par le magistrat, équivalait à une sentence et permettait de recourir contre lui aux voies d'exécution (1). C'est l'application de ce que Paul énonce à la loi 1, *de Confessis : Confessus pro judicato est qui quodam modo sua sententia damnatur.*

Enfin, dans les actions arbitraires, le *jussus* du magistrat, rendu en vertu de la *pronunciatio,* pouvait parfois être un titre suffisant.

(1) Paul, *Sentences,* tit. V, § 4.

§ 2. — *Des magistrats qui y présidaient.*

La *pignoris capio*, comme toute voie d'exécution, était ordonnée par les magistrats à qui appartenait le pouvoir exécutif. Il faut remarquer d'abord que, sous le système formulaire, le pouvoir de prononcer la sentence et celui de la mettre à exécution sont distincts, ce qui tenait à la séparation entre le *jus* et le *judicium*. Sous le système extraordinaire, au contraire, le magistrat exécutait lui-même ses décisions; en effet, il réunissait en lui les diverses attributions séparées à l'époque précédente.

Ces magistrats ont beaucoup varié aux différentes époques de Rome; mais on peut dire que le magistrat par excellence fut le préteur, jusqu'au temps des empereurs chrétiens.

Sous la République, le pouvoir d'exécution appartenait aux préteurs, et aussi aux édiles, du moins quant au droit de saisir des gages (1). En Italie il appartenait aux *duumviri*, aux *quatuorviri juridicundo*, et dans certaines villes à des *præfecti* envoyés de Rome; mais il fallait que la créance fût d'une somme d'argent et n'excédât pas 15,000 sesterces. Dans les provinces l'organisation des municipes d'Italie se retrouve dans quelques villes; ailleurs, la *jurisdictio* et l'*imperium* appartenaient uniquement aux gouverneurs.

Sous l'Empire, à côté des vingt préteurs de Rome, apparaissent le préfet de la ville, les consuls; le droit d'exécuter des édiles tend à disparaître. En Italie le pouvoir d'exécution des magistrats municipaux ne subsiste que fort restreint; néanmoins ils ont toujours la *pignoris capio*, le droit de saisir des objets particuliers (2).

(1) L. 5, *de Officio ejus cui mandatur.*
(2) L. 29, § 7, *ad Legem Aquiliam.* — L. 26, *ad Municipalia.*

— Dans les provinces, ce sont toujours les gouverneurs qui, sous les divers noms de *proconsuls*, dans les provinces du Sénat, de *præsides, præfecti, legati Cæsaris,* etc., dans les provinces de l'empereur, ont la juridiction et le pouvoir d'exécution. En outre, dans certaines villes, se trouvent des magistrats municipaux. Plus tard apparaissent, au sommet de la hiérarchie, et immédiatement après l'empereur, les *préfets du prétoire,* d'abord fonctionnaires de l'ordre militaire, puis investis d'une haute juridiction.

Sous les empereurs chrétiens, les préteurs perdent complétement la juridiction contentieuse. A Constantinople, comme à Rome, le magistrat principal est le préfet de la ville; dans les provinces, c'est le *rector provinciæ.* La juridiction des magistrats municipaux tend à s'effacer; à côté d'eux apparaissent de nouveaux magistrats locaux, les *defensores civitatum*, investis d'une certaine juridiction et qui, s'ils n'avaient pas un pouvoir d'exécution très-large, pouvaient au moins ordonner la *pignoris capio.* Quatre préfets du prétoire, et au-dessous d'eux des *vicarii,* se partagent l'administration de l'Empire et sont investis de la juridiction supérieure. Il est probable que leurs sentences étaient exécutées par les *officiales* placés sous leurs ordres.

Des divers magistrats auxquels on pouvait s'adresser pour l'exécution, lequel était compétent *ratione personæ?* La loi 15, pr., *de Re judicata,* attribue l'exécution au magistrat qui « a nommé le juge ou l'arbitre...; » sous le régime *extraordinaire,* ce serait celui qui a connu de l'affaire. Mais une sentence émanée d'un magistrat, ou du juge qu'il a constitué, peut être exécutée par un autre magistrat : l'exécution peut être *déléguée* comme la juridiction. La loi 15, § 1, en donne un exemple : « Les prési-
» dents des provinces peuvent mettre à exécution une

» sentence portée à Rome... *si hoc jussi fuerint...,* » c'est-à-dire en vertu d'une sorte de commission rogatoire.

Quoi qu'il en soit, il nous semble que, d'après la nature même des choses, pour l'exécution sur les objets particuliers, dont nous traitons, et à laquelle se rapporte la loi 15 précitée, la situation déterminait la compétence.

Le magistrat avait d'ailleurs des officiers subalternes préposés à l'exécution sur les biens. Ces officiers sont souvent désignés par le nom général d'*officiales :* on les appelle aussi *viatores, apparitores, executores,* etc. Sous l'Empire, leur organisation devint militaire et on les appela même *milites.*

Voyons un peu maintenant ce qui se passait devant le magistrat sous le système formulaire (Ce que nous allons dire n'était point spécial à la *pignoris capio,* mais s'appliquait à toute voie d'exécution). — La *pignoris capio* est donc ordonnée par le préteur, édile, etc., *extra ordinem,* dans l'hypothèse où l'existence de la sentence de condamnation n'est pas contestée. Mais si le défendeur dénie le fait même qu'il y ait une sentence contre lui, ou s'il prétend s'en être déjà libéré, il surgit là une contestation qui ne peut plus être vidée que suivant la procédure ordinaire, avec dation d'un juge et d'une formule. C'est l'objet de l'*actio judicati.* Voici comment les choses devaient se passer, d'après M. Ortolan (1). Dans les délais que nous verrons, formant armistice légal pour le débiteur, ni l'*actio judicati,* ni par conséquent aucune voie d'exécution forcée ne pouvaient être exercées. Passé ce délai, le créancier qui voulait amener à effet la sentence obtenue par lui, appelait son adversaire *in jus,* pour demander et obtenir contre lui,

_____

(1) Ortolan, t. III, p. 583.

au besoin, l'*actio judicati*. C'est ce qu'on appelle improprement *judicati agere*. Rendu *in jus*, si le fait de la sentence de condamnation et de l'existence de l'obligation qui en était née était reconnu, il n'y avait lieu à aucune action proprement dite, à aucun *judicium*. Le préteur statuait *extra ordinem*, et en vertu de son *imperium*, il ordonnait la *pignoris capio*. Mais si l'existence même de la sentence ou de l'obligation était déniée, alors le préteur délivrait l'*actio judicati* proprement dite, c'est-à-dire une formule d'action avec renvoi devant un juge pour faire juger cette question. Voilà comment l'*actio judicati* nous apparaît dans les textes, tantôt comme moyen de poursuite pour l'exécution, tantôt comme moyen de faire prononcer sur l'existence contestée de la sentence, selon qu'on la considère à l'égard des parties rendues seulement *in jus*, ou renvoyées *in judicio*. Le défendeur qui voulait dénier l'existence de la sentence et défendre à l'action *judicati*, n'était plus obligé, comme sous le règne des actions de la loi, de donner un *vindex*; mais cette obligation avait été remplacée par celle de donner une caution *judicatum solvi*. En outre, en punition de sa dénégation, s'il succombait, la formule portait l'ordre de le condamner au double : l'*actio judicati* était une de celles *quæ inficiatione duplantur*.

§ 3. — *Du temps dans lequel la* pignoris capio *pourait être faite.*

L'appel n'était pas connu originairement à Rome. Quand il fut introduit sous l'Empire, les délais de l'appel n'arrêtaient pas l'exécution, mais il en était autrement de l'appel interjeté.

La loi des XII Tables accordait au débiteur condamné, *judicatus*, ou ayant avoué sa dette, *in jure confessus*, un délai de trente jours ou *dies justi, legitimum judicati tempus*, pour qu'il eût à s'exécuter volontairement. Plus tard, ce délai fut doublé et porté à deux mois. On attribue généralement ce changement à l'édit du préteur (1).

Sous Justinien (2), le délai accordé au débiteur fut fixé à quatre mois depuis la sentence, et en cas d'appel, depuis le jugement de confirmation, délai exagéré comme le fait remarquer Cujas.

Ces délais pouvaient, selon les circonstances, et notamment pour cause d'urgence, être abrégés par le magistrat. Ils pouvaient aussi être prorogés; en outre, indépendamment des délais accordés par la loi, le magistrat ou le juge, le prince, pouvait en accorder aussi, mais sous caution (3).

D'après le § 11 de la constitution 22, *de Jure delib.*, de Justinien, pendant les délais pour faire inventaire, toutes les poursuites des créanciers héréditaires sont suspendues; et la novelle 115 du même prince, chap. v, § 1, veut que pendant les neuf jours qui suivent la mort d'une personne, les poursuites d'un créancier ne viennent pas troubler la douleur des héritiers ou des parents du défunt.

Le bénéfice des délais s'applique aux héritiers comme à leur auteur : *Quia causæ magis quam personæ beneficium præstituitur* (4). Justinien l'étendit aussi du débiteur principal aux *fidejussores* et aux *mandatores*.

Pendant ces délais, aucune contrainte, ni sur la personne, ni sur les biens du débiteur, ne pouvait être exercée : les

(1) Gaii *Comm. III*, § 78. — Ortolan.
(2) L. 2, au Code, *de Usuris rei judic.*
(3) L. 4, au Code, *de Precibus imperat.*
(4) Modestin.

délais expirés, les voies d'exécution forcée étaient ouvertes.

Il faut remarquer aussi qu'on ne pouvait pas faire, n'importe quel jour, un acte d'exécution. Il fallait se trouver dans un jour *faste*. La *pignoris capio* primitive pouvait néanmoins se faire les jours *néfastes*. A la distinction des jours en *fastes* et *néfastes* succéda celle des jours *fériés* ou *non fériés*. Les premiers étaient les jours de fêtes religieuses et certains anniversaires.

Au temps de la jurisprudence classique, le créancier pouvait toujours faire exécuter la sentence; mais quand Théodose eut introduit la prescription de trente ans, elle dut s'appliquer à ce cas.

SECTION IV.

COMMENT ET SUR QUELS BIENS S'OPÉRAIT LA *pignoris capio*.

Le créancier qui voulait pratiquer la *pignoris capio ex causa judicati* s'adressait, les délais expirés, au magistrat compétent. Celui-ci, faisant droit à sa demande, donnait l'ordre à un de ses agents de saisir quelque objet parmi les biens du débiteur, en valeur suffisante, pour remplir les droits du créancier (1). Il y a d'ailleurs un ordre à suivre dans cette saisie. On commence par saisir les meubles; en cas d'insuffisance, les immeubles, puis les créances (2). Le texte d'Ulpien porte : *Primo quidem res mobiles animales,* ce qui supposerait qu'on doit commencer par les esclaves et les animaux. Doneau, qui accepte cet ordre,

(1) L. 31, *de Re judic.* — C., c. 1 : *Si in causa jud.*
(2) L. 15, § 2, *de Re judic.*

l'explique en disant qu'à cause de la nourriture, les animaux sont plus dispendieux à conserver. Certaines éditions, en conformité avec les Basiliques, portent : *Primo quidem res mobiles et animales.* Alors *res mobiles* désignerait spécialement les meubles inanimés qui devraient être saisis les premiers. Mais on ne s'explique guère ces catégories de meubles.

L'exécution portera également sur les sommes d'argent, même si l'argent est déposé chez d'autres personnes, comme chez un *argentarius* (1). Ulpien ajoute qu'on peut saisir l'argent du pupille, qui a été placé dans une cassette, pour servir à l'acquisition d'un immeuble, sans qu'il soit besoin de permission du préteur, *citra permissum prœtoris.* On aurait pu croire qu'ici il y avait comme une vente d'immeubles, et qu'il eût fallu cette autorisation, puisque les immeubles d'un pupille, au moins les immeubles ruraux et suburbains, ne pouvaient être vendus *sine decreto prœtoris.*

Le droit de saisir les créances du débiteur paraît avoir fait difficulté, mais plusieurs textes l'ont cependant consacré. C'est d'abord la constitution 4, au Code : *Quando fiscus vel privatus;* puis la constitution 2, *eod. tit.*, qui indique qu'il suffit, pour que les créances puissent être saisies, qu'il y ait des contestations soulevées au sujet des autres biens.

Dans l'intérêt de l'agriculture et aussi dans l'intérêt du fisc, à raison de l'obstacle au recouvrement de l'impôt résultant de l'interruption de la culture, on avait apporté certaines restrictions au droit de saisie. Ainsi, Constantin prohibe la saisie des esclaves, animaux et instruments attachés à la culture d'un fonds, faite sans celle du fonds

____

(1) §§ 11 et 12.

lui-même, sous les peines que le juge déterminera (1). Honorius et Théodose vont encore plus loin et défendent d'une manière générale de saisir ce qui est employé à la culture, *quidquid ad culturam agri pertinet* (2). Il y avait des prohibitions moins absolues. Une constitution de Sévère et Antonin avait décrété que la solde des militaires ne pouvait être saisie qu'à défaut d'autres biens (3).

La saisie s'opérait par une mainmise sur l'objet, quand il s'agissait d'une chose corporelle; s'il s'agissait d'une créance, on saisissait sans doute le titre, et il y avait notification au débiteur de la créance saisie. Les textes ne le disent pas formellement, mais cela doit s'induire de ce qui est dit du gage conventionnel sur une créance (4).

SECTION V.

INCIDENTS DE LA *pignoris capio.*

Des incidents peuvent s'élever sur la saisie. Des tiers peuvent venir réclamer certains droits sur les objets qu'on veut prendre en gage. Le § 4 de la loi 15 examine le cas où un tiers prétend être propriétaire de l'objet saisi : « Si,
» rerum quæ pignoris jure captæ sunt, controversia fiat,
» constitutum est ab Imperatore nostro, ipsos *qui rem*
» *judicatam exsequuntur cognoscere debere de pro-*
» *prietate;* et si cognoverint ejus fuisse qui condemnatus
» est, rem judicatam exsequuntur. Sed sciendum est, *sum-*
» *matim* eos cognoscere debere, nec sententiam eorum

(1) C. 7 : *Quæ res pign.*
(2) *Eod. tit.*
(3) C. 4, *de Exec. rei judic.*
(4) C. 4 : *Quæ res pign.*

» posse *debitori prœjudicare*, si forte hi dimittendam
» eam rem putaverint, quasi ejus sit qui controversiam
» movit, non ejus cujus nomine capta est : *nec eum cui*
» *restituta est statim habere per sententiam debere si*
» *forte jure ordinario cœperit ab eo res peti. Sic*
» *evenit ut omnibus integris tantum capioni res judi-*
» *cata proficiat.* Sed illud debet dici ubi controversia est
» de pignore, i.l dimitti debere, et capi aliud si quid est sine
» controversia. »

Ce texte présente plusieurs difficultés. Il décide d'abord
que, en cas de contestation sur la propriété, on devra porter
la saisie sur les autres objets du débiteur, mais si cette
ressource manque, que faire? Le rescrit impérial dont parle
Ulpien donne le droit de prononcer sommairement sur la
question de propriété, à ceux qui procèdent à l'exécution,
qui rem judicatam exsequuntur. Il s'agit là, croyons-
nous, des *executores.* Ulpien, dans une autre loi (1), nous
fait voir que parfois les magistrats déléguaient leurs pouvoirs à ces agents, et s'ils ont dû le faire, ç'a été sans doute
dans des cas urgents comme celui dont nous parlons. Le
texte précité paraît également le supposer par ces mots :
Et si cognoverint ejus fuisse qui condemnatus est,
rem judicatam exsequuntur.

La question ne sera pas jugée au fond, mais seulement en
ce qui concerne l'incident de la saisie; elle pourra toujours
ensuite être débattue de nouveau *jure ordinario.* C'est
seulement contre le débiteur que le texte paraît refuser la
force de la chose jugée : *Nec sententiam eorum posse*
debitori prœjudicare. C'est que, en fait, on ne devait
rendre la décision contre le tiers que lorsque son droit

---

(1) L. 82, *de Judicatis et ubique.*

était évidemment mal fondé, mais il n'en est pas moins vrai que la décision sera également sans force, quant au fond du débat, à l'égard des deux parties. Aucun changement n'aura donc lieu dans la possessio' i dans leur position respective, et les choses resteront entières, *omnibus integris*. S'il en était autrement, le débiteur, particulièrement visé par le texte, en souffrirait, car il deviendrait demandeur et aurait le fardeau de la preuve.

Que penser des expressions suivantes : *Ut omnibus integris tantum capioni res judicata proficiat?* Doneau croit que ces mots *ut tantum capioni* ne s'appliquent pas à la saisie, mais au droit que la sentence accorderait ici au saisissant, de procéder, à fin d'usucapion; le mot *capio* ne signifiant pas d'après lui *pignoris capio*, mais bien *usucapio*. Alors, tant qu'il n'y aurait pas eu usucapion, le revendiquant pourrait s'opposer à la vente par une réclamation formée *jure ordinario*. Mais cela nous paraît une interprétation arbitraire, et contraire en outre au principe de droit que la sentence n'est que déclarative d'un droit existant, et ne peut servir de juste titre. On suppose aussi une attribution de la possession, ce qui est en opposition avec l'idée exprimée dans le texte par ces mots : *omnibus integris*. L'opinion de Cujas est préférable et plus conforme aux textes des Basiliques. Il entend par *capioni — pignoris capioni —* et traduit ainsi le texte : « de sorte que la sentence n'aura d'effet que quant à la saisie. »

Cet incident n'est autre que celui qui est réglé chez nous par l'art. 608, C. proc., au cas de saisie-exécution : « Celui qui se prétendra propriétaire des objets saisis ou de partie d'iceux, pourra s'opposer à la vente, par exploit signifié au gardien et dénoncé au saisissant et au saisi, contenant assignation libellée et l'énonciation des preuves de propriété, à peine de nullité. Il y sera statué par le tribunal du lieu de la saisie, comme en *matière sommaire...* »

Le tiers peut aussi réclamer sur la chose saisie un droit d'hypothèque (1). La saisie ne sera pas entravée par cette réclamation, seulement il n'y aura lieu à la vente de l'objet, qu'autant qu'on trouvera un acheteur qui promettra de payer ce qui est dû au créancier hypothécaire, et en outre une somme pour l'exécution de la sentence. Le premier créancier hypothécaire, qui seul aurait le droit de faire vendre, d'après les principes, ne pourra pas se plaindre, puisque la vente ne peut être faite qu'à la condition de le désintéresser.

Si la contestation s'élève sur une créance, il en sera autrement, et la saisie deviendra impraticable. D'après le § 9, on ne peut saisir qu'*un billet de créance reconnue.* En effet, si celui contre qui cette créance est réclamée, déclare qu'il ne doit rien au débiteur saisi, il refusera de payer, et pour le forcer il faudrait recourir à une voie d'exécution qui se compliquerait avec la première. Cette complication ne se présente pas lors de la saisie d'un objet corporel, qui, une fois saisi, peut être facilement vendu; tandis que la vente d'une créance litigieuse serait d'un produit illusoire. La seule ressource qui restait alors au créancier, si le débiteur ne voulait exercer lui-même son action, c'était l'*envoi en possession* du patrimoine du débiteur, qui permettait au créancier d'exercer toutes les actions de son débiteur.

(1) L. 13, § 5.

SECTION VI.

EFFETS DE LA *pignoris capio*.

§ 1. — *Effets immédiats.*

La saisie, valablement faite, constitue au profit du saisissant un droit de gage, et crée pour lui un droit de préférence vis-à-vis des autres créanciers. Désormais l'aliénation des objets saisis n'est plus possible au débiteur. Il ne peut par ses actes nuire aux droits de ses créanciers; mais l'hypothèque conventionnelle, antérieurement constituée, conserve tous ses effets. Ce droit de gage, constitué au profit du créancier, a pour point de départ la prise de possession de l'objet, acte indispensable pour lui donner naissance, et dont la date établit les droits de préférence entre plusieurs saisissants. Mais, remarquons que le gage prétorien dont nous parlons, n'attribue pas la possession au créancier lui-même; ce sont les agents du magistrat qui, sur l'ordre de celui-ci, s'emparent de l'objet et en conservent la possession jusqu'à la vente.

Cette nécessité d'un nantissement, met une différence entre ce gage et celui qui résulte de la convention, lequel peut exister sans possession sous le nom d'hypothèque. Il ne faut pas non plus confondre ce droit, qui peut être appelé *gage prétorien,* avec le *pignus prætorium,* qui est accordé à la masse des créanciers envoyés en possession des biens de leur débiteur. Ici, en effet, à l'inverse de ce qui se passait dans ce dernier cas, le principe est : *Prævalet jure qui prævenit tempore* (1).

(1) C. 2 : *Qui prævalet in pign.*

La constitution 2, *de prœlorio Pignore*, distingue deux espèces de gage : le gage conventionnel et le gage prétorien, mais il est préférable d'en distinguer trois espèces : le *pignus prœlorium* simple, le *pignus prœlorium in causa judicati* appelé aussi le *pignus judiciale*, et le *gage conventionnel*.

La constitution de gage, ne saurait être le but définitif de la saisie. Ce n'est qu'un préliminaire pour arriver à la vente, ou à l'attribution au créancier pour les objets corporels, et quand il s'agit de créances, à la vente ou à l'exercice de ces créances.

<h3 style="text-align:center">§ 2. — Vente.</h3>

La vente ne doit pas suivre immédiatement la saisie. Le débiteur averti par ce commencement d'exécution a encore un certain délai, pendant lequel il peut empêcher la vente en payant le créancier. Ce délai a été fixé à deux mois par Antonin le Pieux.

Ce n'est pas le créancier, mais bien les agents du magistrat, gardiens des objets saisis, qui en feront la vente. Elle peut n'être pas faite aux enchères, mais elle devait se faire ordinairement ainsi, car les textes nous la présentent sous cette forme. La constitution 3, au Code, *de Execulione rei judicatœ*, parle même de vente faite en présence du signe symbolique de la lance : *Res soli, quœ pignori datœ sunt, diu subhaslatas*. Le créancier était admis à se porter enchérisseur, si aucun acheteur de l'objet ne se présentait, ou qu'aucun n'en offrit un prix suffisant.

Depuis que les Constitutions impériales ont sanctionné et réglementé la *pignoris capio*, il est évident que la vente suivie de tradition transférait à l'acheteur le *dominium ex*

jure Quiritium, à moins que le débiteur ne fût pas lui-même
propriétaire, auquel cas l'acheteur n'aurait eu qu'un juste
titre conduisant à l'*usucapion*. Si cet acheteur est évincé,
contre qui aura-t-il l'action en garantie? Sera-ce contre le
créancier saisissant? Non, car il ne fait que provoquer la
vente qui ne se fait même pas par son ministère, et du reste,
l'action en garantie est refusée contre le créancier qui vend
lui-même l'objet dans le cas de gage conventionnel. C'est
au débiteur qui a profité de la vente à supporter la garantie.
Aussi n'aurait-il pu évincer l'acheteur (1) : *Quem de
evictione tenet actio, eumdem agentem repellit exceptio.*
Il y avait toutefois ceci de particulier, que dans ce cas,
l'action *ex empto* n'était pas donnée pour tout le montant
de l'intérêt de l'acheteur, mais jusqu'à concurrence du prix
et des intérêts de ce prix, et déduction faite des fruits, si
l'acheteur n'avait pas à les restituer (2).

Ulpien décide (3) que, si après l'adjudication, on élève
quelques difficultés à l'acquéreur (même si c'est le demandeur en exécution qui l'est), le juge de l'exécution ne
sera plus compétent. Cela n'est pas douteux quand la vente
a été faite au comptant; mais, dans le cas contraire, le
magistrat qui a procédé à l'exécution restera-t-il compétent
pour connaître du défaut de payement? Ulpien ne le pense
pas (4). « Les juges de l'exécution, dit-il, feront mieux de
» ne se mêler de rien...; s'ils s'en mêlent ils ne le peuvent
» faire qu'en saisissant la chose adjugée et en la vendant
» comme n'étant pas encore hors des liens de la première
» saisie. »

(1) C. 13 de Gordien, *de Evict.*
(2) L. 74, *de Evict.*
(3) L. 15, § 6.
(4) L. 15, § 7.

En effet, jusqu'où n'irait-on pas sous prétexte de procéder à l'exécution du premier jugement? L'acheteur peut nier la vente, prétendre qu'il a payé.,. ; dans tous ces cas, il y a lieu à un nouveau procès ; il faut organiser une instance, et si la chose est vendue de nouveau, le créancier qui n'a pas d'action contre l'acheteur, mais qui a le droit de gage sur la chose, pourra la suivre entre les mains du nouvel acquéreur, et ainsi de suite à l'infini. Que de procès connexes ne faudrait-il pas alors attribuer à celui qui ne doit connaître que de l'exécution! C'est pour cette raison qu'Ulpien ne croit pas devoir lui attribuer compétence, et surtout qu'il recommande de ne vendre qu'au comptant.

Le prix une fois payé, la vente était irrévocable, et l'acheteur était à l'abri de toute crainte, sauf le cas de *restitutio in integrum*, si la chose avait été vendue à vil prix et qu'il en résultât une perte considérable pour le débiteur mineur de vingt-cinq ans, *si grande damnum sit minoris* (1).

§ 3. — *Attribution de l'objet au créancier.*

Nous savons que ce n'est pas le créancier qui dirige la vente, mais l'agent du magistrat. Aussi le créancier pouvait-il se porter enchérisseur, s'il ne se présentait pas d'acheteurs ou qu'aucun n'offrit un prix suffisant. Le créancier avait aussi, dans ce cas, le droit de se faire attribuer l'objet.

Cette attribution de l'objet au créancier a donné lieu à de longues controverses entre les commentateurs. D'abord, on se demande à quoi va servir ce moyen en présence de la faculté reconnue au créancier de se porter enchérisseur.

(1) L. 9, *de Minoribus.*

Ensuite, la loi 3, au Code, *Si in causa*, parle d'une *addictio* du gage faite *auctoritate principis*, et une autre (loi 3, *de Exsec. rei judic.*) suppose *un envoi en possession* accordé par le *magistrat*. Cujas distingue le droit conféré par le *magistrat*, qui n'est qu'un droit de *possession*, de l'attribution obtenue du *prince*, qui transfère la propriété et se nomme *impetratio juris dominii*. Doneau fait la même distinction, mais dans un autre intérêt. Selon lui, le magistrat pouvait seulement attribuer la chose en payement de la créance : pour l'obtenir sur estimation, il fallait s'adresser au prince. Antoine Favre n'admet pas que l'*impetratio juris dominii* soit apparue avec le gage judiciaire. Pour lui, la distinction se réfère à un ordre de choses qui n'existe plus sous Justinien : la sentence du *magistrat* mettra la chose *in bonis creditoris;* au contraire, lorsque la volonté du *prince* interviendra, le *dominium ex jure Quiritium* sera acquis au créancier.

Cette *addictio ex auctoritate principis* n'aurait été admise qu'autant que c'étaient les manœuvres du débiteur qui empêchaient de trouver un acheteur, et elle provenait toujours d'une sentence du *magistrat* que la volonté impériale provoquait, sans qu'on eût besoin des formalités de l'*impetratio juris dominii*.

Une deuxième opinion, celle d'Accurse, consiste à ne voir dans la possession accordée par le *magistrat* au créancier qu'une sorte d'*antichrèse* mettant celui-ci en droit de se payer par des perceptions de fruits, en les imputant sur la dette.

Dans ce conflit d'opinions, il nous semble qu'on attache trop d'importance à une différence de mots qu'on rencontre dans les textes du Code, différence qui tient aux variations qu'a subies la *pignoris capio*. Avant que cette voie d'exécution eût été consacrée par des rescrits impériaux, s'il arrivait au préteur d'attribuer l'objet du gage au créancier saisissant, il ne devait lui conférer qu'une possession protégée par son édit. Lorsque, au contraire, les rescrits impériaux eurent sanctionné l'usage introduit par le préteur, son addiction eut sans doute pour effet de transporter le domaine quiritaire. La loi 15, § 3, *de Re judicata*, parle d'une manière générale de l'attribution au créancier de l'objet saisi, et emploie simultanément les expressions *possideri* et *addici*. Le rescrit qui est cité dans cette loi est des empereurs Sévère et Caracalla (*Rescriptum est ab imperatore et divo patre ejus*), et il résulte de la constitution 3 : *Si in causa judic.*, que l'attribution est faite, non *par l'empereur*, mais *en vertu de l'autorité impériale*. On peut donc croire que c'était le *magistrat* qui accordait cette *addictio*, mais comme il l'accordait en vertu des décisions précitées et non en vertu de sa propre autorité, il en devait résulter une translation complète de la propriété. — Cette opinion tend à simplifier la doctrine sur cette question, et à confondre entièrement la *missio in possessionem* de la constitution 3, *de Exsec. rei judic.*, et l'*addictio ex auctoritate principis* de la constitution 3 : *Si in causa judic.*

Mais l'objet du gage sera-t-il attribué au créancier en compensation de sa créance, ou sur une estimation qui établira un compte à régler entre lui et le débiteur ? Pothier (1) croit que le créancier prendra l'objet sur estimation, et dans les limites de ce qui lui est dû ; son opinion est partagée par beaucoup d'auteurs. Il semble bien pourtant qu'Ulpien ne laisse aucun doute sur ce point, lorsqu'il nous dit, dans le

____

(1) Pandectes, *de Re judicata*, n° 60.

§ 3 de la loi 15 : « Addicantur autem pignora utique ea
» quantitate quæ debetur ; nam, si creditor maluerit pignora
» in creditum possidere, iisque contentus esse, rescriptum
» est non posse eum quod amplius sibi debetur petere, quia
» velut pacto *transegisse* de credito videtur qui contentus
» fuerit pignora possidere, nec posse eum in quantitatem
» certam pignora tenere et superfluum petere. »

Le texte nous semble bien précis. Le créancier qui
demande que l'objet saisi lui soit attribué est censé évaluer
l'objet saisi à la valeur de ce qui lui est dû. Le débiteur n'a
pas à craindre qu'il ne fasse une spéculation à ses dépens,
car le préteur ne doit accorder au créancier l'objet de sa
demande qu'en connaissance de cause, et son intervention
est ici une garantie de bonne foi et de loyauté. Mais aussi, le
créancier qui a demandé et obtenu l'addiction de l'objet
saisi, serait mal venu à réclamer sur la *transaction* qu'il
est réputé avoir faite. Et nous voyons alors la différence
entre ce droit du créancier et celui qu'il a de se porter
enchérisseur. S'il s'en tient à ce dernier parti, c'est-à-dire
s'il voit que la valeur de l'objet est trop au-dessous de sa
créance, il achètera le bien aux enchères, et alors il aura
un surplus à demander au débiteur qu'il pourra faire payer
par les voies ordinaires. S'il croit, au contraire, que cet
objet peut à peu près le remplir de sa créance, il se le fera
attribuer par le magistrat ; alors ce sera une transaction sur
laquelle il ne pourra revenir.

Quoi qu'il en soit, après l'addiction comme après la vente,
la compétence du magistrat qui a présidé à l'exécution
cessera. Il n'aura pas à connaître des difficultés postérieures (1).

(1) L. 15, *de Re judicata.*

Observation. — Quand la saisie porte sur une créance, Ulpien se demande si ceux qui sont chargés de l'exécution devront poursuivre le débiteur ou faire vendre sa créance. Ils feront, pense-t-il, ce qui leur paraîtra convenable : *Quod eis facilius videatur ad rem exsequendam hoc faciant.* S'ils font vendre la créance, alors on donnera à l'acheteur une *action utile.* Lorsqu'on poursuivra le débiteur, l'argent retiré du payement servira à satisfaire le créancier. Si c'est autre chose que de l'argent, on saisira cet autre objet, et la vente se fera comme on l'a vu.

DEUXIÈME PARTIE.

DROIT FRANÇAIS.

De la Saisie-Arrêt

(Code de proc., art. 557-583).

TITRE PREMIER.

Fondement, origine, nature, cause et objet de la Saisie-Arrêt.

CHAPITRE PREMIER.

Fondement de la Saisie-Arrêt, historique, définition, etc.

SECTION I.

FONDEMENT. — LA SAISIE-ARRÊT EXISTAIT-ELLE
EN DROIT ROMAIN. — HISTORIQUE.

— Celui qui contracte une obligation donne droit à son créancier sur tous ses biens, mobiliers ou immobiliers, corporels ou incorporels, présents et à venir, en d'autres termes sur ses créances, aussi bien que sur les immeubles ou meubles corporels ou incorporels qui peuvent ou pourront lui appar tenir (2092, C. civ.). Le créancier doit donc pouvoir exercer les différents droits et actions de son débiteur, du moins ceux où domine l'intérêt pécuniaire. Tel est le fondement de l'art. 1166 de notre Code, et de notre saisie-arrêt.

— Il semble que ce principe admis dans toutes les législations devait y introduire la voie d'exécution dont nous allons traiter. Cependant il n'est pas certain que la saisie fût connue des Romains. — Nous avons vu que d'après la loi 15, §§ 11 et 12, *de Re judicata*, la *pignoris capio* pouvait avoir lieu, tant sur l'argent que le débiteur avait chez lui, que sur celui qu'il avait déposé, soit chez un *argentarius*, soit chez une autre personne, etc. En s'appuyant sur ces textes et sur les lois 10, § 16 (D., lib. XLII, tit. IX): *Quæ in fraudem creditorum*, et 7, § 2 (D., lib. II, tit. VIII) : *Qui satisdare cogantur*, Pothier et un auteur allemand, Hofacker, ont pensé qu'il y avait à Rome quelque procédure analogue à notre procédure de saisie-arrêt. — Cette opinion est combattue par Gluck (*Pandectes*, t. VI) et par Cujas (*Observ.*, cap. xix).

On peut bien induire des textes précités que le principe fondamental de la saisie-arrêt était admis en droit romain, et qu'on pouvait saisir les biens de son débiteur même détenus par un tiers ; mais il est impossible d'y voir autre chose, aucune procédure romaine ne peut être assimilée à notre procédure d'opposition. Celle qui s'en rapprochait le plus, celle qui permettait de saisir les créances, la *pignoris capio ex causa judicali*, offrait même plus de ressemblances avec la saisie-exécution qu'avec la saisie-arrêt. Néanmoins, l'une et l'autre saisie sont nées des modifications apportées par les siècles à la *pignoris capio*. La preuve en est, pour la saisie-arrêt particulièrement, dans cette règle qui subsista longtemps dans le vieux droit français, et en vertu de laquelle on ne pouvait saisir-arrêter les créances qu'après la discussion préalable du mobilier et des immeubles. Cette règle n'est que la reproduction de ce que dit Ulpien, loi 15, § 2, *de Re judicata.*

Suivant Gluck, la saisie-arrêt a été introduite par la jurisprudence des tribunaux allemands, et confirmée par les lois de l'Empire.

— Quoi qu'il en soit, la saisie-arrêt a été adoptée par la plupart de nos Coutumes. Mais il devait arriver rarement à l'origine qu'on saisît des créances, car elles ne pouvaient être arrêtées, avons-nous vu, qu'après la discussion du mobilier et des immeubles. Ainsi, l'ordonnance du Dauphiné, de 1409, et l'ancienne Coutume de Bretagne, portent *que la saisie ne peut avoir lieu sur les droits et actions qu'à défaut d'autres biens;* mais cet état de choses cessa de bonne heure, et on lit dans Fontanon que « *le créancier* » *peut commencer son exécution sur la dette due à* » *son débiteur et obmettre ses biens meubles et im-* » *meubles* (1). »

Aucune ordonnance ne s'étant occupée spécialement de la saisie-arrêt, et les dispositions des Coutumes étant là-dessus fort incomplètes, ce qui concerne cette procédure reste entouré d'une grande incertitude. On trouve notamment quelques articles à ce sujet dans la Coutume de Bretagne (ancienne, art. 126 et 261 — nouvelle, art. 121 et 234); dans celle de Paris (art. 166 et suivants); dans les ordonnances de Blois (1539), d'Orléans (1560), etc...; l'ordonnance de 1667 ne renferme aucune disposition relative à la saisie-arrêt.

Ce mode d'exécution avait diverses dénominations : on

______

(1) Édit. de 1571, art. 427.

l'appelait à Paris *saisie-arrêt;* en Flandre *clain;* en Bretagne *plégement;* en Languedoc *baniment;* en Provence *arrêtement;* en Dauphiné *arrestation;* en Nivernais *empêchement,* etc... Il était aussi diversement réglé dans ses formes et dans ses conditions d'exercice, suivant les localités.

La saisie-arrêt réglée par la Coutume d'Orléans n'était pas nécessairement pratiquée entre les mains d'un tiers : s'il s'agissait d'effets mobiliers proprement dits, elle pouvait avoir lieu entre les mains du débiteur lui-même, pour empêcher qu'il en pût disposer, sans toutefois faire procéder à la vente.

Il était procédé à la saisie-arrêt, en vertu d'un titre authentique, ou sous seing privé, ou d'une permission du juge, ou même quelquefois sans titre ni permission du juge, pour *causes, moyens et raisons à déduire en temps et lieu* (1). On conçoit à quels abus on arrivait ainsi. On pouvait saisir les objet volés particulièrement, sans titre ni permis, partout où on les rencontrait.

La saisie-arrêt n'avait pas lieu seulement pour les créances, mais pour tous les objets appartenant au débiteur et se trouvant en la possession d'un tiers. L'effet de cette saisie était d'empêcher le tiers saisi de délivrer l'objet au débiteur. Il devait d'ailleurs, après la saisie déclarée valable, être vendu dans les formes de la saisie-exécution.

Certains objets ou créances avaient été déclarés insaisissables. Une longue énumération en est donnée par Denisart (2). Il y avait entre autres : les *épices et vacations* des officiers de judicature, les *honoraires* des professeurs,

---

(1) Ordonnance de 1560.
(2) *Saisie-arrêt,* n°s 23-30.

la *solde et les appointements* des officiers militaires, les *rentes viagères sur l'Hôtel-de-Ville...*, etc., et autres choses que nous verrons dans le cours de cet ouvrage. — Citons, en outre, un édit de septembre 1453, que l'on applique encore aujourd'hui, et qui déclare insaisissables *les bestiaux destinés à l'approvisionnement de Paris.*

La saisie-arrêt était ordinairement suivie de procédures à peu près semblables à celles qui ont lieu aujourd'hui, mais il y avait le simple arrêt qu'on distinguait de la saisie-arrêt proprement dite. Pothier établit cette distinction (1) : « La » saisie-arrêt est un acte judiciaire par lequel un créancier » met sous la main de justice les créances de son débiteur, » avec assignation aux débiteurs de son débiteur pour dé- » clarer ce qu'ils doivent et être condamnés à en faire dé- » livrance à l'arrêtant, jusqu'à concurrence de ce qui lui » est dû, et assignation du débiteur pour consentir l'arrêt. » Ces assignations données au débiteur arrêté et au débi- » teur par le fait duquel se fait l'arrêt, distinguent la » *saisie-arrêt* du *simple arrêt.* C'est un simple arrêt, » quand le créancier se contente de signifier au débiteur de » son débiteur qu'il arrête tout ce qu'il doit à son débiteur, » sans assignation pour faire la déclaration de ce qu'il doit, » et en faire la délivrance entre les mains du créancier » opposant. »

Si la saisie était jugée régulière et la créance bien fondée, l'instance se terminait par un jugement condamnant le tiers saisi à vider ses mains en celles du saisissant, jusqu'à concurrence de la créance de celui-ci. — D'après l'ordonnance de 1629 (art. 01), les saisies-arrêts étaient sujettes à péremption. L'effet de la saisie-arrêt était de mettre sous main de justice

---

(1) Pothier, *Proc. civ.*, IVe partie, ch. II, sect. III, § 1.

la créance arrêtée et d'empêcher le saisi d'en recevoir le payement ou de la céder ; car d'après les principes sur le transport
des créances, la cession n'était valablement faite que si, antérieurement à la saisie-arrêt, elle avait été signifiée au
cédé, ou acceptée par lui dans un acte ayant date certaine ;
encore n'en était-il ainsi que si la créance était échue, et la
saisie-arrêt pratiquée sur la créance avant l'échéance l'emportait sur la cession même signifiée ou acceptée, qui ne
valait que comme opposition (1). Il y avait d'ailleurs diver-
gence sur tous ces points entre les différents parlements.

Quand plusieurs créanciers avaient pratiqué la saisie-
arrêt d'une créance, il fallait en distribuer entre eux le
montant. Les créanciers privilégiés étaient payés d'avance ;
puis venait le créancier saisissant *par préférence* aux
autres, d'après le principe généralement admis en matière
de saisie mobilière. Toutefois, cette préférence cessait au
cas d'une créance non encore échue et au cas de déconfiture.
Chaque créancier venait alors à contribution *au sol la
livre* (2). Il avait été jugé par arrêt de 1639, que la créance
saisie tombait en contribution, alors même qu'il serait intervenu au profit d'un créancier un jugement ordonnant que
les deniers délivrés seraient versés en ses mains tant que le
payement n'avait pas été réellement effectué.

Il serait intéressant d'apprendre comment était résolue,
dans l'ancien droit, cette question difficile et encore si
débattue aujourd'hui, de savoir si la saisie-arrêt produit
effet, seulement jusqu'à concurrence de ses causes, ou sur
toute la créance à quelque somme qu'elle puisse monter. On
ne la trouve pourtant nulle part formellement posée ni

(1) Pothier, *Proc. civ.*, n° 515.
(2) *Coutume de Paris*, 178 et 179 — Pothier, n° 513.

— 43 —

tranchée. Cependant on pourrait induire d'un passage de Pothier (1), que la question était décidée dans le sens de l'effet le plus large donné à la saisie. Il dit en effet que le sergent chargé de la saisie déclare au débiteur qu'il saisit, arrête et met sous la main de justice *tout ce qu'il peut devoir et devra par la suite* à celui pour le fait duquel l'arrêt se fait. — On pourrait invoquer en sens contraire ce que dit Imbert (2), que le sergent déclare saisir « *telles* » *sommes ou quantité de bled ou d'autres espèces à lui* » *dues, jusqu'à concurrence de la somme contenue* » *dans la condamnation, si plus la dette se monte.* » La Coutume de Bretagne, art. 28, porte également qu'on procède « *par voie d'arrest sur la debte due au débiteur,* » *jusqu'à concurrence de la debte.* » Et d'Argentré dit en note : « *Nec enim pro ampliori summa; et si fieret* » *totum arrestum infirmaretur, cum damnis, expensis* » *et interesse.* » — Mais tout cela n'est pas pleinement décisif.

— Dans le droit intermédiaire on ne rencontre, quant à la saisie-arrêt, qu'une loi des 14 et 19 février 1792 qui en règle la procédure, mais seulement à l'égard des sommes dues par le Trésor public.

— Les motifs du projet de loi sur la saisie-arrêt ont été exposés par M. Réal, sur le rapport fait au Corps législatif par M. Favard. Le projet a été converti en loi le 21 avril 1806 et promulgué le 1er mai suivant. Il forme le tit. VII du liv. V de la première partie du Code de procédure civile, art. 557 à 583.

(1) Pothier, n° 503.
(2) Imbert, I, 60, 1.

SECTION II.

DÉFINITION. — NATURE.

La saisie-arrêt est celle par laquelle un créancier (le *saisissant*) fait arrêter les sommes ou effets mobiliers de son débiteur (le *saisi*) détenus par un tiers (le *tiers saisi*), et par suite de laquelle il obtient la délivrance de ces sommes ou le prix de ces effets, jusqu'à concurrence de ce que lui doit le saisi (*causes de la saisie*). — Le saisissant est *celui qui saisit;* le saisi, *celui sur qui l'on saisit;* le tiers saisi, *celui entre les mains de qui l'on saisit.*

Nous donnons ici une définition un peu longue de la saisie-arrêt, parce qu'il nous semble qu'il ne suffit pas de dire avec Merlin, Pigeau et d'autres auteurs, que la saisie-arrêt consiste à « *arrêter* entre les mains d'un tiers les sommes » ou effets qu'il a appartenant au débiteur. » Le créancier ne veut pas seulement *faire un acte conservatoire* relativement aux sommes ou effets de son débiteur ; il veut encore se les faire adjuger, ou, suivant l'expression consacrée, contraindre le tiers saisi à *vider ses mains* dans les siennes, c'est-à-dire *exécuter.*

Il est vrai que la saisie-arrêt, d'après les art. 557 et 558, C. proc., peut être formée sans titre exécutoire, et par conséquent, ne présente pas à son début les caractères d'une voie d'exécution forcée. Il est vrai, d'autre part, que jusqu'au jugement de validité, la saisie-arrêt n'est qu'une voie de conservation, car le tiers saisi, s'il ne peut plus vider ses mains en celles de son créancier, le saisi n'est pas encore obligé de les vider en celles du saisissant qui n'a pas encore appréhendé réellement la chose de son débiteur; mais ces

différences entre la saisie-arrêt et les autres saisies ne
consistent que dans les formes, dans la manière de procéder ;
au fond, on trouve le caractère constitutif de tout acte
d'exécution : *appréhension par le créancier de la chose
de son débiteur.*

La saisie-arrêt est donc plutôt un acte d'exécution forcée
qu'un acte conservatoire. Sa place, au Code de procédure,
sous la rubrique du liv. V : *de l'Exécution des jugements,*
le prouve suffisamment. — C'est même une voie d'exécution
forcée *à l'égard d'un tiers.* L'orateur du Conseil d'État,
en présentant au Corps législatif le liv. V, disait : « Ainsi
» dans le tit. VII, sont tracées les règles d'après lesquelles
» on pourra exécuter par voie de saisie et opposition entre
» les mains d'un tiers. »

— La *saisie-arrêt* et l'*opposition* sont aujourd'hui une
seule et même chose, bien que le Code de procédure (art. 557)
emploie les deux mots séparément. M. Réal, dans l'Exposé
des motifs, a indiqué que la distinction qu'on en faisait dans
l'ancien droit était désormais proscrite. Toutefois, Lepage,
même depuis le Code, veut que la saisie soit plus particulièrement une saisie-arrêt quand on y énonce les objets
arrêtés entre les mains du tiers saisi (1).

Cette dénomination d'*opposition*, donnée comme par
surcroît à la saisie-arrêt, n'a donc pas raison d'être. Elle
peut même être dangereuse, en provoquant dans quelques
esprits une confusion fâcheuse entre la saisie-arrêt et certains actes qui portent plus spécialement le nom d'*oppositions.*

Ces actes, complétement en dehors de notre sujet, sont :

1° La signification faite par les cocréanciers du saisissant

(1) *Questions sur la procédure,* p. 480.

à lui-même et à l'officier chargé de la vente, de leur prétention de participer à la distribution des deniers (609, C.
proc.);

2° Certaines injonctions ou sommations, ayant pour but
d'empêcher un tiers de faire quelque chose en l'absence ou
au préjudice de l'opposant (808, C. civ. et 990, C. proc. —
882, C. civ., 821, C. civ. — 608, C. proc., etc.);

3° Certaines voies de recours contre des jugements,
actes, etc. (opposition à un jugement par défaut, à un commandement, à une contrainte, etc.).

CHAPITRE DEUXIÈME.

En vertu de quoi peut-on saisir-arrêter.

Pour pouvoir saisir-arrêter, il est évident qu'il faut avoir
une créance; mais il faut, en outre, que cette créance
réunisse certaines qualités indispensables.

Avant le Code de procédure, on pouvait, avons-nous vu,
saisir-arrêter *pour causes, moyens et raisons à déduire
en temps et lieu.* Il était possible ainsi, d'empêcher
quelqu'un qui ne vous devait rien de recouvrer ses créances.
Le Code a mis fin à cet abus.

Aujourd'hui, pour saisir-arrêter, il ne suffit pas d'être
créancier sérieux et légitime, il faut encore que cette qualité
soit constatée par un acte, ou présumée par la permission
du juge. « Tout créancier, dit l'art. 557, peut, en vertu de
» *titres authentiques ou privés,* saisir-arrêter les sommes
» et effets appartenant à son débiteur, ou s'opposer à leur
» remise, » et l'art. 558 : « ... S'il n'y a pas de titre, *le
» juge* du domicile du débiteur, et même celui du domicile

» du tiers saisi, pourront, sur requête, permettre la saisie-
» arrêt. »

Si l'on se réfère ensuite à l'art. 551 où se trouve écrite
une des règles générales sur l'exécution forcée, on voit :
« Qu'il ne sera procédé à aucune saisie-mobilière ou immo-
» bilière que pour choses *liquides et certaines* : si la dette
» exigible n'est pas d'une somme d'argent, il sera sursis,
» après la saisie, à toutes poursuites ultérieures, *jusqu'à*
» *ce que l'appréciation en ait été faite.* »

Ainsi, pour pratiquer une saisie-arrêt valable, il faut
que la créance soit constatée par un *titre*, ou du moins que
ce titre soit suppléé par la *permission du juge;* et de plus,
il faut que la créance réunisse les qualités suivantes : qu'elle
soit *certaine, liquide, exigible,* et de plus *personnelle*
contre le saisi.

SECTION I.

CRÉANCES POUR LESQUELLES ON PEUT SAISIR-ARRÊTER, CONSIDÉRÉES PAR RAPPORT A LEURS TITRES.

On peut saisir-arrêter en vertu d'un titre, de quelque
nature qu'il soit, pourvu qu'il contienne *obligation* ou *con-*
damnation, et qu'il soit régulier en la forme.

Ce n'est pas sans difficulté qu'on admit les titres sous
seings privés. Plusieurs cours d'appel, un grand nombre
de conseillers d'État et le Tribunat, voulaient qu'il ne pût
être procédé à une saisie-arrêt qu'en vertu d'un titre
authentique, ou, si le titre n'était que sous seing privé,
qu'il fût nécessaire d'avoir la permission du juge (1). C'est

______

(1) Locré, *Esprit du Code de procédure,* t. II, p. 158.

que l'ordonnance de 1560 n'exigeait également qu'un titre privé, et qu'on craignait de voir se reproduire les abus de l'ancien droit. D'autre part, aux yeux de la loi, le titre privé n'a aucun caractère légal, jusqu'à la reconnaissance ou la vérification d'écritures. Mais on fit remarquer que ce mode de saisie ne dépossédait pas le débiteur, tout en le privant de sa chose, et qu'alors la loi devait moins exiger du créancier que pour une saisie-exécution, sauf à donner mainlevée de l'opposition si elle était mal fondée, et à condamner même en ce cas le saisissant à des dommages-intérêts.

Art. I. — Titres authentiques ou privés.

§ 1. — *Actes authentiques autres que les jugements.*

L'acte authentique faisant par lui-même pleine foi des conventions qu'il renferme entre les parties contractantes et leurs héritiers ou ayants cause (1319, C. civ.), il est clair qu'on peut former saisie-arrêt en vertu d'un acte de ce genre.

L'autorité qui s'attache à ce titre est telle, que l'inscription de faux ne suffirait pas à elle seule, et sans l'intervention d'une décision judiciaire, pour en arrêter l'exécution. La saisie-arrêt faite en vertu d'un acte authentique argué de faux serait donc valable, si, en cas de *faux principal* elle était pratiquée avant l'ordonnance de mise en accusation, et en cas de *faux incident*, si elle était faite avant que les tribunaux eussent déclaré suspendre l'exécution de l'acte incriminé.

En vertu de cette idée que le titre doit contenir obligation ou condamnation, la mention dans un *inventaire* après décès que le défunt est créancier d'un tiers non signataire à l'inventaire, n'est pas un titre suffisant pour faire une opposition sur ce tiers. — Mais un testament, authentique ou olographe (pourvu que les formalités de l'art. 1007, C. civ., aient été remplies), autorise évidemment le légataire à former des saisies-arrêts pour la conservation de ses droits.

§ 2. — *Actes sous seings privés.*

L'acte sous seing privé est un titre suffisant, même si la signature est déniée. Le désaveu de l'écriture ou de la signature n'empêche pas que cet acte ne constitue un titre jusqu'à ce qu'on l'ait vérifié en justice; mais la validité de la saisie-arrêt ne pourra être jugée qu'après que le titre aura été vérifié.

Observations. — Les actes authentiques ou sous seings privés passés à l'étranger, et non contestés, ont la même valeur que les *actes sous seings privés* passés en France, et peuvent servir de base à une saisie-arrêt sans avoir besoin d'être rendus exécutoires.

— Au cas de titre authentique ou privé, la signification n'est pas nécessaire, le débiteur qui l'a signé ne pouvant pas ne pas le connaître. — Quant aux héritiers du débiteur, la signification de l'art. 877, C. civ., est indispensable.

§ 3. — *Jugements.*

Les jugements sont des actes authentiques; on peut donc, en vertu d'un jugement, faire une saisie-arrêt; mais il faut qu'ils contiennent des condamnations, soit à une somme déterminée, soit à une somme certaine quoique non liquide, sauf à la faire liquider ou évaluer provisoirement.

Les décisions en matière de contentieux administratif sont de véritables jugements, qui peuvent, à ce titre, servir de base à une saisie-arrêt. — Il en est de même de la décision du jury d'expropriation fixant le chiffre de l'indemnité, et revêtue de l'ordonnance d'*exsequatur* du magistrat directeur.

Enfin, une saisie-arrêt peut être pratiquée en vertu d'une ordonnance de référé, aussi bien qu'en vertu d'un jugement.

Un jugement frappé d'appel, même si cet appel est entaché de nullité, rend, croyons-nous, la créance incertaine et non susceptible de servir de base à une saisie-arrêt. — En effet, la saisie-arrêt est une acte d'exécution, et par là même est soumise à l'art. 457, C. proc.; un jugement frappé d'appel est un titre sans force et en quelque sorte paralysé, car l'appel remet tout en question, et c'est aux juges d'appel d'apprécier la recevabilité et la validité de l'appel (1).

Mais nous pensons que le créancier pourra s'adresser, malgré l'appel, au président, pour obtenir permission de saisir-arrêter, et l'autorisation devra lui être accordée, si l'appel est interjeté de mauvaise foi, ou n'est pour le débiteur qu'un moyen de soustraire les valeurs sur lesquelles le créancier comptait pour être payé.

Il faut observer que jusqu'à l'appel le jugement conserve toute sa force ; la saisie sera donc valable, sauf à suspendre son exécution quand l'appel surviendra, car tant qu'un jugement n'est pas attaqué, les actes d'exécution faits en vertu de ce jugement, sont réguliers et valables en la forme.

De même, un jugement exécutoire par provision peut,

____

(1) Chauveau, Roger, Dalloz. — *Contra*, Bastia, 20 mars 1858. — La question s'est posée récemment devant la Cour de Paris, mais elle ne l'a pas résolue (Paris, 17 mars 1874.)

bien que frappé d'appel, servir de titre à une saisie-arrêt, sauf pour la partie condamnée à suivre la marche tracée par l'art. 459, C. proc.

La saisie pratiquée en vertu d'un jugement du tribunal de commerce qui peut être exécuté par provision moyennant caution ou solvabilité suffisante, sera valable si le saisissant fournit caution, nulle s'il ne la fournit pas. La Cour de Rennes (1) a validé une saisie-arrêt semblable, faite sans caution, sous prétexte que l'art. 557, C. proc., n'exige pas autre chose qu'un titre ou une permission du juge pour saisir-arrêter. Mais l'art. 557, C. proc., n'est qu'une règle générale qui nous montre seulement que le créancier muni d'un jugement peut saisir-arrêter; il ne peut pas dire que si ce jugement n'est exécutoire que sous caution, le saisissant pourra exécuter sans caution, car nous avons établi que la saisie-arrêt est, en réalité, un acte d'exécution. — Ici la partie condamnée n'aurait pas le bénéfice de l'art. 459, C. proc. (047, C. comm.).

Il faut appliquer aux jugements frappés d'*opposition* ce que nous avons dit des jugements frappés d'appel.

Quant aux jugements frappés de *tierce opposition*, la partie qui les a obtenus pourra en faire la base d'une saisie-arrêt, sauf aux juges à ordonner qu'il sera passé outre ou sursis à cette saisie (477 et 478, C. proc.).

Pour les jugements frappés de *requête civile*, il est incontestable qu'ils peuvent être exécutés par voie de saisie-arrêt, sans aucun empêchement possible de la partie condamnée (497, C. proc.).

Le *pourvoi en cassation* n'étant pas suspensif (du moins en matière civile), n'empêche pas de saisir-arrêter, et ne

(1) Rennes, 24 avril 1815.

serait même pas un motif suffisant pour surseoir à prononcer sur la validité de la saisie. Il en serait de même du recours au Conseil d'État en matière de contentieux administratif (1). — Mais la cassation postérieure de la sentence en vertu de laquelle la saisie a été pratiquée, entraîne la nullité de cette sentence et de la saisie.

Un jugement, même passé en force de chose jugée, pour servir de fondement à une saisie-arrêt, doit en outre être entouré de formes qui le rendent exécutoires; il doit être enregistré, expédié et revêtu de la formule exécutoire (545, C. proc.). Il faut en outre qu'il soit signifié à la différence des actes précédents; car avant cette formalité, la partie condamnée est censée l'ignorer, et peut-être cette signification préalable lui fera-t-elle prévenir, par une exécution volontaire, les effets de la saisie-arrêt (2). — Les Cours de Rouen et de Rennes ont décidé le contraire; mais cela tient à ce qu'elles considéraient la saisie-arrêt comme une mesure conservatoire (3).

De même, les décisions judiciaires qui ne sont pas exécutoires par elles-mêmes ne peuvent servir de base à une saisie-arrêt tant qu'elles n'ont pas été revêtues des formalités qui doivent leur donner force d'exécution. — Ainsi serait nulle la saisie-arrêt faite en vertu d'une sentence arbitrale non encore revêtue de l'*exsequatur;* ou en vertu de jugements étrangers non encore rendus exécutoires en France. Il faudrait, en ce cas, obtenir permission préalable du président. Nous voyons là une différence entre les

(1) Bordeaux, 6 janvier 1840.
(2) Paris, 23 juillet 1840.
(3) Rouen, 21 novembre 1845; Rennes, 21 août 1871. — On a pu remarquer déjà que la jurisprudence de la Cour de Rennes tend à considérer la saisie-arrêt comme un acte conservatoire.

jugements étrangers et les actes passés à l'étranger. — Un jugement, dit M. Bioche (1), dont le dispositif, en affectant certaines sommes dues par un tiers au payement des condamnations qu'il prononce, porte *qu'il tiendra lieu d'opposition,* dispense celui qui l'a obtenu des formalités de la saisie-arrêt. Il lui suffit de notifier ce jugement au dépositaire des sommes sur lesquelles il prétend exercer son opposition. Il n'y a pas là une véritable saisie-arrêt que l'on doive entourer des formes prescrites par la loi, mais plutôt une délégation judiciaire, une subrogation légale.

ART. II. — PERMISSION DU JUGE.

Le juge (c'est-à-dire le président du tribunal, et à défaut le juge qui le remplace) joue deux rôles distincts dans les préliminaires de la saisie-arrêt. Il accorde la permission de saisir-arrêter : « S'il n'y a pas de titre, le juge du domicile » du débiteur, et même celui du domicile du tiers saisi, » pourront, sur requête, permettre la saisie-arrêt » (558, C. proc.), — ou bien il évalue la créance : « Si la créance » pour laquelle on demande la permission de saisir-arrêter, » n'est pas liquide, l'évaluation provisoire en sera faite par » le juge... » (559, C. proc.). — S'il n'y a pas de titre, et si la créance n'est pas liquide, le juge exerce à la fois ces deux attributions. Nous n'allons parler ici que de la permission du juge à défaut de titre.

Le projet de l'art. 558 portait seulement : « Le juge » pourra, sur requête, permettre la saisie-arrêt. » Le Tribunat voulait, à cause que la saisie-arrêt est un acte toujours urgent, que tout juge pût l'autoriser. Ce ne fut

____

(1) Bioche, *Dict.*, n° 130 — Chauveau.

qu'après une proposition tendant à donner ce droit à tout président de première instance, qu'on finit par s'arrêter *au juge du saisi* ou du *tiers saisi*, en excluant le juge du saisissant.

Le Code n'indique point si c'est le président du tribunal civil ou bien celui du tribunal de commerce qui doit donner la permission de saisir-arrêter en matière commerciale. Mais, bien que le Tribunat n'ait parlé que du juge du tribunal de première instance, un grand nombre d'arrêts ont décidé que, dans ce cas, le saisissant pourra s'adresser concurremment au président du tribunal civil ou à celui du tribunal de commerce. Cette doctrine est d'ailleurs conforme à un arrêt de règlement de 1755, rapporté par Jousse; et on ne saurait prétendre que la saisie-arrêt étant un acte d'exécution, le président, pas plus que le tribunal de commerce, ne peut en connaître, car elle ne devient un acte d'exécution que par l'instance en validité (1).

Nous pensons aussi qu'un juge de paix peut autoriser une saisie-arrêt, s'il s'agit d'une créance dont la valeur ne dépasse pas sa compétence. Il faut, croyons-nous, raisonner par analogie de l'art. 10 de la loi du 25 mai 1838, qui lui permet d'autoriser une saisie-gagerie, et considérer les inconvénients que le système contraire aurait dans les campagnes (2).

Le juge qui ne peut, verrons-nous, refuser l'évaluation provisoire d'une créance fondée en titre et non liquide, peut très-bien refuser l'autorisation de saisir ou l'évaluation de la créance, quand il n'y a pas de titre. Nous pensons même que le créancier n'a aucun recours contre ce refus. Le pré-

---

(1) Aix, 25 janvier 1877 — 11 avril 1878.
(2) Bioche — Chauveau — Dalloz.

sident, quand il agit en vertu des pouvoirs qui lui sont conférés par l'art. 558, C. proc., fait un acte de juridiction gracieuse et cet acte n'est susceptible ni d'opposition ni d'appel (1). Le saisissant qui a éprouvé un refus devant le juge du saisi, aura seulement la ressource d'adresser une nouvelle requête au juge du tribunal du tiers saisi, et il n'est guère possible que si le premier s'est trompé le second se trompe également.

Le président en accordant au créancier qui n'a pas de titre la permission de saisir-arrêter, peut toujours se réserver de statuer *en référé* sur les réclamations du saisi, afin de pouvoir modifier, réduire ou annuler même l'autorisation qu'il a donnée, s'il trouve que l'intérêt de celui-ci l'exige. Ce n'est pas là prononcer sur la mainlevée de la saisie, c'est un acte de juridiction gracieuse, l'exercice du droit que lui donne la loi de refuser ou de donner une permission générale, partielle, conditionnelle, provisoire ou sans réserves. Il faut décider même que l'ordonnance de référé qui rétracte la permission de saisir-arrêter, annule la demande principale en validité de la saisie qui a pu être formée, et que dès lors cette demande n'est plus soumise à l'examen du tribunal, et ne saurait faire obstacle à l'exercice du pouvoir réservé (2).

La seconde ordonnance que le président rendrait par suite de cette réserve, n'étant pas un véritable référé, mais simplement un acte de juridiction gracieuse, n'est pas non plus susceptible d'appel, ni assujettie aux formes et conditions de l'art. 806 et suiv., C. proc. (3). Cependant la réserve insérée dans la première ordonnance portant permission de saisir,

---

(1) Paris, 27 août 1859 — Aix, 11 avril 1878.
(2) Paris, 24 juillet 1858 — 31 juillet 1871.
(3) Aix, 11 avril 1878.

n'attribue pas la connaissance des réclamations du saisi
d'une manière tellement exclusive et tellement personnelle
au président, qu'il ne puisse, si le temps lui manque, ou si
les difficultés soulevées nécessitent le concours des lumières
de plusieurs magistrats, en confier l'examen au tribunal
jugeant en état de référé.

— De même, le débiteur ne peut se pourvoir contre l'ordonnance qui permet à tort de faire une saisie-arrêt sur lui,
ou qui fait une fausse évaluation de sa dette. Il devra seulement presser l'audience sur l'assignation en validité ou
actionner le saisissant en mainlevée. Il n'y a pas d'opposition ou d'appel possibles, et l'art. 417, C. proc., invoqué pour
prétendre le contraire, n'est pas applicable au cas de saisie-
arrêt. En effet, l'opposition permise par cet article contre
les ordonnances des présidents se justifie, parce que la
mesure autorisée peut porter un grave préjudice au défendeur, par exemple la saisie d'objets mobiliers qui lui
servent, tandis que la saisie-arrêt ne cause aucun préjudice ;
et il est certain d'ailleurs que s'il justifie d'un dommage, il
sera fondé à en demander la réparation à celui qui, sans
nécessité, aurait formé contre lui une saisie-arrêt en vertu
de la permission du juge (1).

On comprend, toutefois, qu'il y a en cette matière beaucoup d'arbitraire : le législateur a dû s'en rapporter à la
prudence des magistrats. Les auteurs se sont tous efforcés
d'indiquer à celui-ci la marche à suivre. Il résulte de leurs
conseils que le président doit surtout considérer la personne
du saisissant et celle du saisi. Si les présomptions en faveur
de la créance sont extrêmement fortes, et que les bases de
sa quotité soient fixées, le juge autorisera. Il peut même

(1) Dijon, 12 mars 1874.

n'autoriser à saisir que pour une partie de la somme, mais si la créance est peu importante et telle que les frais augmenteront beaucoup la dette, si d'autre part, le saisi a une apparence de solvabilité, le juge renverra le requérant à se pourvoir en la forme ordinaire. Il ne peut autoriser moyennant caution ou garantie préalable. Si le créancier est réellement sérieux, ses poursuites ne doivent pas être entravées par ces conditions souvent difficiles à remplir. L'étranger lui-même qui fait une saisie-arrêt sur un Français n'est tenu de donner caution que sur l'instance en validité, et même il n'est pas déchu de son action s'il ne fournit pas la caution dans le délai fixé par le jugement qui l'a ordonnée; il y a lieu seulement à non-procéder sur sa demande.

— On ne pourrait saisir-arrêter, en France, en vertu d'une permission accordée par un juge étranger; bien que l'ordonnance du magistrat étranger ne porte point d'injonction aux officiers ministériels de France, néanmoins elle présume l'existence d'un fait, d'une dette.

Mais l'autorisation de saisir-arrêter doit être accordée au créancier étranger qui veut pratiquer en France une saisie sur un autre étranger. Nous admettons, en effet, que le créancier étranger, porteur de titres de créance, peut saisir-arrêter sur un autre étranger. Par suite, à défaut de titres, il a droit à la permission ou à l'évaluation du magistrat français (1).

— D'après l'art. 77 du tarif, l'ordonnance doit être apposée au bas de la requête présentée au magistrat. — Cette requête doit contenir : les noms, prénoms, professions et domiciles des parties; la nature des choses à saisir, la somme

____

(1) Paris, 23 mars 1868.

pour laquelle l'autorisation est demandée, l'offre et le consentement de la part du requérant d'en référer en cas de difficultés. — De son côté, le président doit, dans son ordonnance, énoncer la somme pour laquelle il permet de saisir-arrêter, afin que le saisi sache ce qu'il doit payer pour obtenir mainlevée.

Si les sommes ou objets que le créancier veut saisir venaient à être déplacés, la permission accordée par l'ordonnance serait suffisante et n'aurait pas besoin d'être renouvelée. En effet, s'il avait un titre, le créancier pourrait agir partout, ès mains de tous débiteurs de son débiteur (1). Mais, dans aucun cas, le créancier ne pourrait saisir autre chose, ni au delà de ce qui est fixé dans l'ordonnance.

SECTION II.

CRÉANCES POUR LESQUELLES ON PEUT SAISIR-ARRÊTER, CONSIDÉRÉES EN ELLES-MÊMES.

ART. I. — CRÉANCES CERTAINES.

Une créance certaine est celle qui existe réellement et qui est incontestable, mais la loi n'entend pas que la créance soit nécessairement incontestée. Pothier dit, il est vrai, qu'une dette contestée n'est pas liquide; mais, comme le fait très-bien observer M. Roger, cela ne doit s'entendre que d'une contestation fondée sur des motifs raisonnables et qui rendent la dette vraiment douteuse. C'est ainsi qu'on peut saisir-arrêter en vertu d'un titre sous seing privé, quoique

(1) Limoges, 6 juin 1856.

méconnu, sauf à surseoir sur la question de la validité de la saisie, jusqu'après vérification du titre.

La créance doit être certaine *ab initio*, au moment même de la saisie ; ainsi celui dont la créance ne serait pas encore certaine ferait une opposition nulle, et ce, lors même que la créance deviendrait certaine durant l'instance en validité, et que les juges saisis de cette instance le déclareraient créancier (1).

Il ne faut pas confondre une créance douteuse avec une créance existant sans titre. La permission du juge peut suppléer au titre, mais elle n'y supplée qu'autant que la créance a un caractère certain. Cette permission suppose bien la créance certaine, mais elle ne fait pas qu'elle le soit; et si le tribunal reconnait que les droits des créanciers ne sont devenus certains que depuis la saisie-arrêt, il l'annulera.

De ces principes il résulte que la créance dont l'existence dépend d'un compte à établir, d'une liquidation à opérer, de vérifications à faire, ne saurait, tant que le compte ou la liquidation n'est pas réglé, servir de base à une saisie-arrêt (2). — De même, une condamnation éventuelle ne peut évidemment servir de base à une saisie-arrêt, ni la présomption que le saisissant sera, par suite d'un compte à établir, créancier du saisi (3).

On ne peut saisir en vertu d'une créance conditionnelle (*suspensive* bien entendu), toujours d'après le même principe que la saisie-arrêt n'est pas un acte purement conservatoire, comme l'inscription hypothécaire, mais tend à

(1) Dijon, 13 mars 1874.
(2) Limoges, 27 novembre 1868 — Req., 22 juin 1870 — Dijon, 12 mars 1874.
(3) Req., 22 août 1871.

priver le débiteur d'objets qui lui appartiennent (1). Toutefois, comme le fait très-bien observer M. Duranton, s'il y a déjà des saisies-arrêts faites à la requête d'autres créanciers, les droits du créancier conditionnel ne doivent pas être compromis, et il est juste de lui accorder une action contre son débiteur avant l'accomplissement de la condition, comme on le ferait au cas de déconfiture; alors le créancier conditionnel fera bien de se munir d'une permission de saisir-arrêter. — Quant aux créances à terme, elles sont certaines, mais ne sont pas exigibles.

Observations. — Si la saisie était pratiquée pour assurer le payement de créances certaines et de créances incertaines, le tribunal devrait restreindre les effets de l'opposition aux premières seulement.

— Il ne devrait pas non plus, après avoir déclaré que la saisie n'a été pratiquée que pour une créance incertaine, la valider pour le motif que le créancier était porteur d'autres créances certaines, mais pour lesquelles il ne l'aurait pas pratiquée.

ART. II. — CRÉANCES LIQUIDES.

D'après l'art. 551, C. proc., il ne suffit pas, pour pratiquer une saisie-arrêt, que la créance soit certaine, il faut encore qu'elle soit liquide.

Une créance est liquide quand elle est certaine et que sa quotité est déterminée, quand, selon Pothier, il est constant qu'il est dû et combien il est dû : *Cum certum est an et quantum debeatur.*

Il eût été trop rigoureux d'appliquer strictement ce prin-

____
(1) Poitiers, 12 décembre 1876.

cipe au cas de saisie-arrêt. Aussi l'art. 559, C. proc., permet-
il, avons-nous vu, de saisir-arrêter en vertu d'une créance
non liquide, pourvu qu'on la fasse évaluer provisoirement
par le juge. Nous pensons d'ailleurs, par analogie de la permission de saisir-arrêter, que le créancier peut s'adresser
indifféremment au juge du saisi ou à celui du tiers saisi.

L'évaluation d'une créance non liquide est nécessaire,
même s'il y a un titre. Il semblerait résulter des termes de
l'art. 559, C. proc., que l'évaluation n'est nécessaire que
quand la créance n'est pas fondée sur un acte; mais les
travaux préparatoires de nos lois prouvent que telle n'a pas été
l'intention du législateur, car le projet portait : « Tout ex-
» ploit de saisie-arrêt contiendra l'énonciation du titre ou de
» la permission du juge, et de la somme pour laquelle elle est
» faite. Si la créance n'est pas liquide, l'évaluation provisoire
» en sera faite par le juge. » Le doute n'est donc pas possible.
Il est certain que quand il y a un titre, le créancier n'est pas
obligé de demander la permission de saisir-arrêter en même
temps que l'évaluation : néanmoins on le fait dans la pratique.

Nous savons que le juge ne pourrait refuser l'évaluation
d'une créance fondée en titre et non liquide; mais il a le
droit de la refuser, s'il n'y a pas de titre. Ni le créancier,
ni le débiteur n'ont d'ailleurs de recours contre son ordonnance.

L'évaluation dont nous parlons est exigée à peine de
nullité (1). Il ne suffit donc pas que le saisissant la fasse
lui-même, ni que la liquidation de la créance puisse être
faite aisément (2). Ce serait ouvrir la porte à l'arbitraire.

(1) Riom, 15 décembre 1846.
(2) *Contra* : Bordeaux, 29 mai 1840 — Cass., 23 août 1863.

Il n'est pas nécessaire d'ailleurs que la liquidation soit faite en argent; une liquidation *en espèces* suffirait (grains, liqueurs, par exemple). Mais, comme on ne peut continuer les poursuites jusqu'à l'appréciation en numéraire des causes de la saisie (551, C. proc.), et que d'autre part la saisie doit être dénoncée dans la huitaine à peine de nullité, il vaudra mieux faire liquider en numéraire par le président avant de saisir-arrêter.

— Les observations que nous avons faites à propos des *créances certaines* s'appliquent de même ici.

— C'est ici le lieu d'examiner si on peut faire une saisie-arrêt sur soi-même. Deux personnes sont respectivement créancières et débitrices l'une de l'autre : si, indépendamment des autres conditions exigées par l'art. 1291, C. civ., les deux dettes étaient liquides, elles se trouveraient éteintes de plein droit par la seule force de la loi. Mais nous supposons qu'une seule est liquide : le débiteur de la somme liquide peut-il la saisir-arrêter entre ses propres mains pour sûreté d'une créance non liquide que lui doit son créancier?

La jurisprudence et la doctrine sont incertaines et divisées à peu près également sur cette question (1). — Observons d'ailleurs qu'elle n'offre d'intérêt qu'au cas d'une compensation empêchée par une saisie-arrêt antérieure. En effet, s'il n'y a pas de saisie-arrêt entre les mains du débiteur, créancier non liquide, la compensation arrivera, sans qu'il soit besoin de saisir-arrêter.

Ceci dit, nous répondons affirmativement à la question posée. — Sans nous arrêter aux arguments que le système

---

(1) *Pour :* Pigeau, Chauveau, Dalloz, Marcadé, etc. — Lyon, 15 juin 1825; Cahors, 4 août 1849. — *Contre :* Berriat, Carré, Roger, etc. — Bordeaux, 12 décembre 1831; Paris, 8 avril 1836. Nous n'avons pas trouvé d'arrêts relativement récents sur cette question.

contraire tire du silence du Code, ou qui consistent à dire qu'en autorisant une saisie dans de telles circonstances, on ne trouve que deux personnes où il doit y en avoir trois (557, C. proc.), nous nous reportons de suite aux principes généraux. Or, faisons abstraction de l'une des deux dettes, de celle qui est liquide, que manque-t-il à l'autre? Une seule chose, c'est d'être aussi liquide; mais la loi ne permet-elle pas de suppléer à cette liquidité par l'évaluation provisoire du magistrat? — On arrive ainsi à la compensation, nous dit-on, dans des cas où la loi ne le permet pas (1291, C. civ.). — Nous ne croyons pas qu'on puisse dire qu'il y ait là une véritable compensation, puisque les dettes ne s'éteindront pas de plein droit et que ce résultat n'aura lieu qu'après la liquidation définitive, lors de laquelle seulement les dettes satisferont toutes deux aux conditions exigées par l'art. 1291, C. civ. Et si en somme, dit Marcadé, le créancier non liquide arrive ainsi à une compensation, c'est précisément parce que le juge qui fera l'évaluation provisoire pour la saisie-arrêt, aura pensé qu'il devait accorder un délai qui est dans le vœu de la loi afin de laisser un gage, une ressource, à celui qui n'aurait pas d'autre moyen de conserver sa créance. Du reste, le système contraire aurait de graves inconvénients que l'arrêt de la Cour de Lyon précité fait parfaitement ressortir.

— L'hypothèse inverse peut se présenter au cas où une personne débitrice non liquide d'un individu, est en même temps sa créancière liquide. Mais, dans ce cas, tout le monde est d'avis que la saisie-arrêt est possible.

Art. III. — Créance exigible.

Qui a terme ne doit rien. — L'art. 1186, C. civ., ne

permet donc pas de pratiquer une saisie-arrêt avant l'échéance du terme.

Toutefois, si le terme est stipulé en faveur des créanciers (1187, C. civ.), ou si le débiteur lui accorde le droit de faire saisie-arrêt avant l'échéance, le créancier pourra saisir.

De même, au cas de l'art. 1188, C. civ., le débiteur ne pouvant plus réclamer le bénéfice du terme : 1° s'il tombe en déconfiture (il ne peut être question de la faillite qui arrête les poursuites individuelles), 2° s'il a diminué par son fait les sûretés qu'il a données à son créancier, celui-ci, dans ces deux cas, pourra saisir-arrêter.

Mais, dans le second cas, l'appréciation des tribunaux est souveraine sur le point de savoir s'il y a véritable diminution de sûretés. — Ainsi, on a pu juger que la revente d'un fonds de commerce ne permettait pas au premier vendeur de saisir-arrêter le prix de vente non payé entre les mains du second acquéreur, parce qu'un fonds de commerce étant susceptible de ventes et reventes fréquentes, le fait seul d'une revente ne rend pas plus fâcheuse la position du créancier (1). — Au contraire, au cas de revente d'un office ministériel, il a été jugé qu'il y avait diminution de sûretés, et par suite possibilité de saisir-arrêter, parce qu'un office ministériel n'est pas un objet de spéculation, et que la revente, avant payement du prix, n'était pas dans l'intention des parties, le vendeur n'ayant donné des termes de payement à son débiteur que pour le cas où celui-ci conserverait l'office (2).

Remarquons que la circonstance qu'un débiteur à terme n'offre pas de sûretés ne suffit pas pour autoriser le créancier à saisir-arrêter avant l'échéance. Il faut que les sûretés aient

(1) Paris, 29 mai 1849.
(2) Paris, 1er décembre 1840.

été exigées dans le contrat, et que le débiteur ne les ait pas fournies ou les ait fait perdre.

En cas de non-payement d'une rente viagère, la Cour de cassation a décidé que le créancier avait le droit de saisir-arrêter les sommes dues au débiteur de la rente jusqu'à concurrence de ce qui est nécessaire pour assurer dans l'avenir le service de cette rente. Elle considère ainsi la rente viagère comme un sort principal produisant des arrérages, et non comme un capital divisé en autant d'annuités qu'en comportera sa durée éventuelle, ce qui ne permettrait de saisir-arrêter que jusqu'à concurrence des arrérages échus (1).

Le terme de grâce ne fait pas obstacle à la compensation (1292, C. civ.). Il empêche certes la saisie-exécution, mais empêchera-t-il la saisie-arrêt? Quelques auteurs prétendent que oui, car autrement, disent-ils, on forcerait à payer à la fois et instantanément tout ce qu'il doit, celui à qui les magistrats ont permis de ne payer que par portion et à des époques séparées (1244, C. civ.).

Mais on pense généralement qu'on pourra saisir-arrêter. De deux choses l'une : ou le tiers saisi aura entre les mains, ou il n'aura pas de sommes appartenant au saisi. S'il n'en a pas, la saisie ne fera aucun tort au saisi; s'il en a, elles font cesser le motif qui a fait accorder des délais au débiteur, car elles mettent fin à l'impossibilité de payer, eu égard à laquelle les juges avaient ordonné la suspension de toutes poursuites contre lui. Il est vrai que le jugement a ordonné qu'il fût sursis à l'exécution des poursuites *toutes choses demeurant en état*, c'est-à-dire dans l'état où elles étaient au moment du jugement : « Mais, dit Toullier, le

(1) Cass., 16 avril 1830; C. civ., 1973.

> » saisissant demandera simplement, en assignant le débiteur
> » en validité de saisie, que le tiers saisi soit condamné à
> » vider ses mains dans les siennes *à l'expiration des*
> » *délais* (1). »

Art. IV. — Créance personnelle contre le saisi.

Il ne suffit pas d'avoir une créance *certaine, liquide* et *exigible,* il faut de plus que cette créance résulte d'un rapport direct entre le créancier et le saisi ou entre leurs auteurs ; en un mot, qu'elle oblige *personnellement* le saisi.

Un tiers détenteur d'immeubles hypothéqués n'est pas un débiteur personnel du créancier. Celui-ci ne pourrait donc pas saisir-arrêter entre les mains des débiteurs de ce tiers détenteur. Il ne peut que faire vendre sur lui les biens hypothéqués ; mais après la sommation de l'art. 2176, C. civ., le créancier a droit de former des saisies-arrêts entre les mains des fermiers.

Aux termes de l'art. 1753, C. civ., le propriétaire a contre le sous-locataire, jusqu'à concurrence du prix de sous-location, une action personnelle et directe. Il a donc le droit de procéder contre lui par voie de saisie-arrêt et de frapper d'opposition les sommes dues à ce dernier. — Il faut en dire autant des ouvriers (1798, C. civ.) et du mandant (1994, C. civ.).

La saisie-arrêt exercée contre une caution est valable, car la caution est obligée personnellement ; mais elle ne sera maintenue que provisoirement, car le créancier saisissant ne peut agir contre la caution qu'après avoir justifié de

(1) Toullier, t. VI, n° 673 — Chauveau — Demolombe.

toutes diligences propres à se faire payer de l'obligé principal.

Non-seulement je puis saisir-arrêter sur mon débiteur, mais je le puis aussi sur le débiteur de mon débiteur (1166, C. civ.). On est d'accord sur ce point; on se divise seulement sur la question de savoir s'il est nécessaire d'avoir préalablement obtenu une subrogation judiciaire ou conventionnelle aux droits du débiteur (1). Quelque parti que l'on prenne sur cette question, il est prudent, croyons-nous, pour le créancier qui agit en vertu de l'art. 1166, C. civ., de mettre toujours en cause le débiteur dont il exerce les droits, non pas pour qu'il joue un rôle dans la procédure de saisie-arrêt, mais pour que la sentence à intervenir soit rendue en sa présence et qu'il ne puisse prétendre que ses droits ont été compromis.

CHAPITRE TROISIÈME.

Qui peut saisir-arrêter? Quand, sur qui et entre les mains de qui?

SECTION I.

RÈGLES GÉNÉRALES.

En général, on peut dire que *tout créancier* peut faire une saisie-arrêt, *sur son débiteur*, *entre les mains d'un*

---

(1) Pour l'affirmative : Bordeaux, 3 janvier 1839 — Orléans, 7 juin 1853 — Chauveau — Marcadé — Zachariæ. — *Contra :* jurisprudence de la Cour de cass., 2 juillet 1851 — 1ᵉʳ juin 1858 et 21 mai 1859 — Grenoble, 24 mai 1867 — Demolombe — Roger.

tiers détenteur de sommes ou d'effets mobiliers appartenant à ce débiteur, et pourvu que ces sommes ou effets soient saisissables. — Il suffit que la créance du saisissant réunisse les *qualités* que nous avons énumérées ci-dessus, et que lui-même ait les *conditions voulues de capacité*. Or, comme nous le verrons plus loin, ces conditions varient suivant les différentes phases de la procédure. Les incapables peuvent lancer l'exploit de saisie-arrrêt, qui n'est en quelque sorte qu'un acte conservatoire, mais il faut qu'ils soient assistés et autorisés pour continuer les poursuites.

L'État et les administrations publiques peuvent parfaitement jouer le rôle de saisissant et de tiers saisi, mais ils ne peuvent en général (même un gouvernement étranger), être débiteurs saisis. Nous verrons plus loin pourquoi.

Il peut y avoir aussi difficulté, quand dans une saisie-arrêt figurent un ou plusieurs étrangers.

Si le créancier est Français et le débiteur étranger, et que un tiers détienne en France les sommes ou objets appartenant à ce dernier, pas de doute que la saisie-arrêt ne puisse les atteindre (art. 14, C. civ.).

Si le créancier est étranger et le débiteur Français, la saisie-arrêt peut encore avoir lieu (art. 15, C. civ.), car les biens du Français, soumis à la loi française, sont le gage de ses créanciers nationaux ou étrangers.

Si le créancier est étranger et le débiteur étranger (peu importe la nationalité du tiers saisi), il est controversé de savoir si la saisie-arrêt est possible. Nous pensons qu'elle peut avoir lieu dans tous les cas, en vertu de ce principe que les biens mobiliers d'un étranger, situés en France, et considérés individuellement, doivent être soumis à la loi française, et que seules les universalités de meubles sont régies par la loi étrangère. L'étranger, à défaut de titre,

a donc droit à la permission ou à l'évaluation du magistrat (1).

Rappelons enfin qu'on peut saisir-arrêter non-seulement
sur son débiteur, mais encore sur le débiteur de son débiteur, et que la même personne peut jouer à la fois le rôle
de saisissant et celui de tiers saisi.

Ces règles générales posées, il est fort difficile d'en faire
l'application, car les hypothèses varient à l'infini. Nous
allons essayer de répondre autant que possible à la rubrique
de ce chapitre, en commençant par distinguer la saisie-arrêt
des autres saisies mobilières, pour passer ensuite en revue
les différents cas de saisie-arrêt, suivant les situations
variées des personnes et des patrimoines.

SECTION II.

DISTINCTION DE LA SAISIE-ARRÊT DES AUTRES SAISIES MOBILIÈRES.

Nous n'avons pas l'intention de comparer entre elles les
différentes saisies mobilières, ni de spécifier le cas où celle-
ci doit être pratiquée exclusivement ou de préférence à
celle-là. Il faut pourtant que nous les passions brièvement
en revue, et quand nous aurons comparé spécialement la
saisie-arrêt avec la saisie-exécution, nous aurons en quelque
sorte répondu à la question de savoir entre les mains de qui
on peut saisir-arrêter.

I. — Les *saisies-gagerie, conservatoire* et *foraine* ne
peuvent guère être confondues avec la saisie-arrêt. Ce sont
de simples mesures de précaution, des mises sous la main

____

(1) Paris, 23 mars 1868.

de justice d'objets mobiliers appartenant à un locataire, au débiteur d'une dette commerciale, à un débiteur forain, sans que la vente aux enchères de ces objets puisse être poursuivie dès à présent.

II. — La *saisie-revendication* suppose chez le créancier un droit de propriété (art. 2279, C. civ. — art. 574 et suiv. C. comm.) ou de gage privilégié (art. 2102-1°, C. civ.), sur les effets de son débiteur détenus par un tiers. Si donc le créancier n'a pas l'un de ces droits, ou s'il n'a pas déjà saisi ces effets, il ne pourra les atteindre que par la saisie-arrêt.

III. — La *saisie-brandon* et la *saisie des rentes* ne constituent que des espèces de saisie-exécution applicables, l'une aux fruits pendants par racines, l'autre aux rentes constituées sur particuliers. Néanmoins, la saisie des rentes ressemble sur un grand nombre de points à la saisie-arrêt. On peut même dire que cette saisie a emprunté à la saisie-arrêt les formalités de la mise sous la main de justice (636 à 642, C. proc.), et à la saisie immobilière celles qui précèdent et accompagnent la vente (642 et suiv., C. proc.). C'est ainsi que l'art. 638 renvoie aux art. 570 et suiv. du titre de la saisie-arrêt, et que l'art. 641 exige une dénonciation analogue à celle de l'art. 563, mais sans assignation en validité.

IV. — Il est d'un intérêt capital de distinguer les cas où l'on peut saisir-exécuter de ceux où l'on ne peut que saisir-arrêter. — Pour le créancier d'abord, car si la saisie-exécution est plus énergique et le mène plus sûrement et plus rapidement à son but, d'autre part, il s'expose, en s'y engageant témérairement, à voir ses poursuites annulées et même à des dommages et intérêts. — Pour le débiteur, car la saisie-arrêt est moins rigoureuse, et aussi parce que, s'il conteste jamais la validité des poursuites, il devra plaider; non pas devant le juge du lieu où s'est opérée la saisie, comme en matière de saisie-exécution, mais devant le juge de son domicile.

A la différence de la saisie-arrêt, la saisie-exécution suppose chez le créancier un titre exécutoire (551, C. proc.), et doit être précédée d'un commandement. En outre, elle frappe directement les meubles qui sont aux mains mêmes du débiteur, pour les faire vendre en justice, tandis que la saisie-arrêt frappe les meubles détenus par un tiers, etc.

Si le créancier a un titre exécutoire, et s'il s'agit de choses appartenant au débiteur et entre ses mains, généralement on peut saisir-exécuter. — De même, si le créancier n'a pas de titre exécutoire, il ne peut que saisir-arrêter. Mais la difficulté vient de ce que l'on peut, en certains cas, saisir-exécuter aux mains des tiers détenteurs, au lieu de saisir-arrêter. Quand donc on est porteur d'un titre exécutoire, et qu'il s'agit d'effets du débiteur, détenus par un tiers, quelle voie devra-t-on suivre?

En général, s'il s'agit d'objets seulement dus au débiteur par le tiers, il faut recourir à la saisie-arrêt.

S'il s'agit d'objets mobiliers corporels *appartenant* au débiteur, on emploiera la saisie-exécution si le tiers détenteur ne s'y oppose pas, ou si ces objets sont *séparés, distincts* et *reconnaissables*. — Au cas contraire, il faut distinguer avec Pothier (1) : « Si l'individu détenteur des » objets du débiteur n'est pas un véritable *tiers*, par rapport à celui-ci, on pourra les appréhender par voie de » saisie-exécution; mais si c'est un *tiers*, il faudra prendre

(1) Pothier, C. proc., IVe partie, chap. II, sect. II, art. 4, § 1; C. civ., c., 4 décembre 1867.

la voie de saisie-arrêt. » Or, comment reconnaître si le détenteur des effets d'un débiteur est une *tierce personne?* Ce ne peut être qu'aux rapports existant entre eux. Lorsque ces rapports sont de telle nature qu'on doive les considérer comme un seul et même individu, le détenteur ne saurait alors être un *tiers :* de même encore, si son individualité se confond avec la personne du débiteur dont il est le représentant légal, alors la saisie-exécution est possible. (Exemple: préposé, caissier d'un négociant, gérant par rapport aux créanciers de la société, tuteurs, maris au cas de communauté légale ou conventionnelle, etc.). Mais s'il s'agit d'un mandataire, commissionnaire, entrepositaire, banquier ou de tout autre dépositaire ou correspondant, qui ne se confond pas avec la personne du débiteur, alors la saisie-arrêt est seule possible. (Exemple: huissiers, commissaires-priseurs, gardiens établis par justice, gérants par rapport aux créanciers individuels des associés, mari au cas de l'art. 1577 du Code civil, etc.).

Toutefois, ces principes n'ont rien d'absolu, et en cas de doute sur le point de savoir s'il faut agir par voie de saisie-exécution ou par voie de saisie-arrêt, la prudence exige qu'on suive cette dernière voie. Elle mènera le saisissant à son but et le saisi n'aura rien à dire, car on aura pratiqué contre lui l'exécution que les auteurs appellent *la plus douce* (1).

SECTION III.

DES CAS OU L'ON PEUT SAISIR-ARRÊTER.

I. — *Des saisies-arrêts en matière de saisie immobilière.* — Au cas de saisie immobilière, quand l'immeuble

(1) Chauveau, 1928 *bis* — Roger, § 10.

saisi produit des loyers ou fermages, il faut, pour empêcher les fermiers ou locataires de se libérer aux mains du débiteur saisi, pratiquer une opposition équivalant à une saisie-arrêt (685, C. proc.). Tandis qu'au contraire, si l'immeuble n'est ni loué, ni affermé, et s'il n'y a pas de tiers, toute saisie-arrêt devient superflue pour les fruits : ils sont de plein droit compris dans la saisie de l'immeuble, et le saisi doit les garder jusqu'à l'adjudication, comme séquestre judiciaire (681, 682, C. proc.).

II. — *Des oppositions quand il existe déjà une saisie-arrêt ou une saisie-exécution, ou quand une distribution est ouverte.* — Le créancier qui voudrait avoir part à une somme frappée de saisie-arrêt par un autre, ne pourrait atteindre ce but en se bornant à intervenir dans l'instance en validité de cette saisie; il devrait lui-même former une saisie-arrêt, en suivant la même marche que le premier saisissant (1) (557 et 575, C. proc.).

Néanmoins, si la saisie-arrêt embrassait des meubles ou autres objets mobiliers qui doivent être vendus comme au cas de saisie-exécution, les autres créanciers peuvent se borner à l'opposition de l'art. 609, C. proc. Mais l'effet de cette opposition est subordonné à la validité de la saisie à la suite de laquelle elle est faite. Si donc ces créanciers craignent que la saisie-arrêt ou la saisie-exécution ne soit déclarée nulle, la prudence exige qu'ils pratiquent sur les objets saisis une véritable saisie-arrêt, suivie d'une demande en validité, etc.

Quand une distribution par contribution est ouverte sur les deniers saisis, il est reconnu qu'un créancier n'est pas obligé nécessairement de pratiquer une saisie-arrêt pour

______
(1) Rennes, 29 janvier 1817.

être admis au partage des sommes mises en distribution ; cela entraînerait des frais trop considérables. Il peut donc se présenter et produire ses titres tant que le procès-verbal de distribution n'est pas clos provisoirement, et il sera colloqué s'ils ne sont pas contestés (660, C. proc.). Néanmoins, il sera toujours plus prudent pour lui de pratiquer une saisie-arrêt, car autrement il peut ne pas être averti de la distribution des deniers, le créancier qui la poursuit n'étant tenu de sommer de produire que ceux qui sont compris dans l'état des oppositions.

III. — *Des saisies-arrêts en matière de succession.*

1° *Succession ordinaire.* — Les créanciers d'un défunt peuvent certainement faire une saisie-arrêt entre les mains des débiteurs de la succession.

Les créanciers d'un successible peuvent aussi, verrons-nous, faire une saisie-arrêt sur la part indivise de celui-ci, l'exercice de l'art. 882, C. civ., « équivaut d'ailleurs à une saisie-arrêt (1). » Il en serait de même de l'opposition aux scellés (2) (821, C. civ., — 926 et suiv., — 941 et suiv., C. proc.). — Mais la réciproque n'est pas vraie.

Les légataires, eux, ont dès l'ouverture de la succession un droit acquis dont ils peuvent disposer, même avant la délivrance (1014, C. civ.). Ils peuvent donc faire une saisie-arrêt pour la conservation de leurs droits. — Il est évident de même que les créanciers du légataire d'un corps certain peuvent saisir-arrêter l'objet qui lui a été légué avant tout partage. — De même, les créanciers d'un légataire universel pourront faire une saisie-arrêt entre les mains des débiteurs de la succession pour empêcher les tiers saisis de se libérer

(1) Cass., 22 juillet 1857.
(2) Paris, 10 juin 1858.

et paralyser la faculté que pourrait avoir le légataire de disposer de l'actif réel ou éventuel compris dans son legs.

L'exécuteur testamentaire peut aussi pratiquer des saisies-arrêts sur les héritiers et successeurs universels, les leur dénoncer et faire ordonner le versement en ses mains par les débiteurs.

2° Succession bénéficiaire. — Quand une succession n'a été acceptée que sous bénéfce d'inventaire, les créanciers du défunt peuvent-ils former des saisies-arrêts entre les mains des débiteurs de la succession?

On a prétendu que non; l'art. 807, C. civ., dit-on, en permettant aux créanciers d'exiger caution de l'héritier bénéficiaire, a suffisamment pourvu à leur sûreté; d'ailleurs, l'art. 2146, C. civ., assimile la succession bénéficiaire à une faillite, et l'héritier bénéficiaire n'en est que l'administrateur; tout acte d'exécution est donc impossible.

Nous pensons que oui. L'héritier bénéficiaire, de même que tout autre héritier, est véritablement débiteur des créanciers du défunt; seulement, il n'est tenu qu'*intra vires successionis.* Il est certain d'ailleurs que le législateur n'a pas interdit de faire opposition sur les valeurs de la succession bénéficiaire, puisque l'art. 808, C. civ., parle de *créanciers opposants.* La caution de l'art. 807 ne garantit pas suffisamment les créanciers, si l'héritier ne fait pas payer les débiteurs ou dissipe les valeurs de la succession. Quant à l'assimilation de l'art. 2146, C. civ., l'argument est réfuté par M. Duranton : « L'héritier, dit-il, représentant
» du débiteur défunt, ne peut être en même temps, comme
» les syndics, représentant des créanciers; le failli est dé-
» possédé de l'administration de ses biens par le fait seul
» de la faillite; l'héritier bénéficiaire est, au contraire,
» investi de la possession de ceux de la succession dès la

» mort du défunt, comme s'il. eût accepté purement et
» simplement... (1). » — Ajoutons qu'il y a un motif
d'utilité pour les créanciers, c'est d'empêcher l'héritier
bénéficiaire de dissiper les valeurs de la succession.

Les créanciers d'une succession bénéficiaire ne pourraient
pratiquer de saisie-arrêt sur les créances personnelles de
l'héritier sous bénéfice d'inventaire, car ses biens ne se sont
pas confondus avec ceux du défunt, et l'art. 803, C. civ.,
déclare qu'il ne peut être contraint sur ses biens personnels
qu'après avoir été mis en demeure de présenter son compte,
et faute d'avoir satisfait à cette obligation.

Quant à la saisie-arrêt que ferait l'héritier bénéficiaire,
créancier de la succession, entre les mains des débiteurs de
cette succession, elle ne serait utile qu'autant qu'il y aurait
d'autres créanciers saisissants. S'il était seul, il n'aurait
aucun intérêt à faire défense au tiers saisi de payer à d'autres,
puisque celui-ci ne peut payer qu'à lui.

L'héritier bénéficiaire peut, sans aucun doute, pratiquer
des saisies-arrêts pour sûreté de ce qui est dû à la succession
de son auteur.

3° *Succession vacante.* — Il faut accorder également
aux créanciers d'une succession vacante le droit de former
opposition entre les mains des débiteurs de cette succession.
Mais cette saisie ne donne pas aux créanciers le droit de se
faire payer par les tiers saisis. Les sommes arrêtées doivent
être versées à la Caisse des dépôts et consignations pour être
attribuées aux saisissants, mais seulement après l'apurement
des comptes du curateur et le prélèvement de ses frais de
gestion (2).

(1) Duranton, t. VII, n° 37. — Chauveau, Thomine, Roger. — Rennes,
28 mai 1815 — Poitiers, 22 mai 1856. — *Contra :* Riom, 24 août 1837 —
Seine, 22 février 1851.

(2) Rouen, 21 janvier 1853.

IV. — *Saisies-arrêts en matière de société.* — Les créanciers de la société ont incontestablement le droit de former des oppositions entre les mains des débiteurs de la société (1). — Nous savons aussi qu'ils peuvent appréhender régulièrement, par voie de saisie-exécution, les sommes et valeurs appartenant à la société et détenues par le gérant en sa qualité de préposé.

Les créanciers d'un associé ne peuvent saisir le fonds social jusqu'à concurrence de la mise de celui-ci, car c'est la propriété de la société. — Mais ils peuvent saisir-arrêter entre les mains du gérant, l'intérêt social ou les actions de leur débiteur (par exemple : dividende de la Banque de France); sauf, toutefois, le cas où cette saisie serait préjudiciable à la société, par exemple s'il s'agissait d'un associé ayant pour mise sa seule industrie. La saisie-arrêt ne pourrait alors frapper que les bénéfices auxquels a droit cet associé (2).

Les créanciers d'un associé, pour une cause étrangère à la société, n'auraient pas le droit d'arrêter ce qui est dû à ses coassociés. Mais si la société est en liquidation, le créancier d'un associé peut former des oppositions entre les mains d'un autre associé, sur les sommes dont celui-ci est débiteur, et qui peuvent revenir au premier, par suite de la liquidation.

V. — *Saisie-arrêt en matière de société conjugale.* — Voyons quels sont les droits des créanciers des époux sous les différents régimes, relativement à la saisie-arrêt.

1° *Communauté légale.* — Sous ce régime, tous les biens mobiliers des époux tombant en communauté peuvent être saisis : — par les créanciers de la communauté, — par

____

(1) Paris, 25 octobre 1843.
(2) Bioche, *Dict. de proc.*

les créanciers personnels du mari (1409, C. civ.), — par les créanciers de la femme, dans le cas de l'art. 1420, C. civ., pour une dette de la femme antérieure au mariage et ayant date certaine ; dans le cas des art. 1409, 1419 et 1426, si elle s'est obligée du consentement du mari ; et dans le cas de l'art 1427, s'il y a autorisation de justice.

Il en est de même des revenus des propres des époux, s'ils sont en mains tierces.

Quant aux biens propres de chaque époux, ils sont saisissables par les créanciers de cet époux, mais avec cette différence que les biens du mari sont toujours saisissables pour ses propres créanciers et pour ceux de la communauté, tandis que ceux de la femme ne le sont que selon les distinctions précédentes.

2° *Communauté conventionnelle*. — S'il y a clause de réalisation, chacun des époux reste propriétaire des meubles réalisés. Le mobilier fongible seul appartient à la communauté, et il pourra seul être saisi par les créanciers de la communauté, du mari et de la femme, comme il a été dit ci-dessus.

3° *Régime sans communauté*. — Sous ce régime les époux restent propriétaires de tous leurs biens ; il n'y a que le mobilier fongible de la femme dont le mari devient propriétaire, à cause de son droit général d'usufruit. — Le mobilier fongible (les capitaux par exemple), pourra donc être saisi par les créanciers du mari. Le mobilier non fongible (une créance, un fonds de commerce) ne pourra l'être que par les créanciers de la femme ayant date certaine antérieure au mariage, et pour la nue propriété seulement.

A défaut d'inventaire ou de tout autre moyen de preuve suffisante, le mobilier du mari et celui de la femme se trouvent confondus ; les créanciers du mari pourront agir sur les meubles de la femme, et réciproquement les créanciers de la femme pourront agir (mais toujours pour la nue propriété seulement) sur les biens du mari.

4° *Séparation de biens.* — Au cas de séparation de biens, les époux demeurent étrangers l'un à l'autre quant aux biens. Chacun ne doit payer que ses dettes, et ne peut par conséquent être saisi que par ses propres créanciers. — Les créanciers de la femme pourront faire des saisies-arrêts sur elle, pour les obligations qu'elle aura contractées valablement, c'est-à-dire pour l'administration de ses biens. Les art. 1449 et 1536, C. civ., en l'autorisant à disposer de son mobilier et à l'aliéner, ne lui confèrent en effet ce droit que dans les limites de l'administration.

5° *Régime dotal.* — Sous ce régime, le mari ne peut, croyons-nous, aliéner que le mobilier dont il est devenu propriétaire, ses créanciers pourront donc le saisir. — Quant aux autres meubles, la femme en restant propriétaire, les créanciers du mari ne peuvent les saisir sans son consentement. — Nous pensons aussi que les créanciers de la femme, postérieurs au mariage, peuvent saisir la dot mobilière, si elle a contracté avec l'autorisation de son mari, car il nous semble que la dot mobilière est aliénable.

Quant aux revenus des biens dotaux, le superflu seul peut en être saisi, car le reste, consacré aux besoins du ménage, n'est saisissable que pour les dettes contractées pour son entretien. Le superflu appartient au mari; ses créanciers seuls pourront donc le saisir.

Les biens mobiliers *paraphernaux* de la femme, peuvent être saisis pour dettes par elle contractées antérieurement au mariage, ou autorisées par le mari. En effet, aux termes de l'art. 1576, C. civ., la femme a de plein droit l'administration de ses biens extra-dotaux.

En cas de séparation de biens de la femme dotale, nous admettons que sa dot mobilière est saisissable avec l'autorisation du mari ou de justice, ou pour les actes de pure administration. — Les fruits et revenus de la dot peuvent aussi être saisis, mais seulement pour l'excédant des besoins du ménage, et par les créanciers postérieurs à cette séparation.

Observation. — Le droit de saisir-arrêter les créances dues à un époux, appartient au créancier de celui-ci, lors même que ces créances seraient dues à cet époux par son conjoint. Mais il faut pour cela que ce dernier soit tenu de payer actuellement à l'autre la somme saisie. Aussi la saisie-arrêt ne pourrait-elle avoir lieu pour les *récompenses*, par exemple, au cas de communauté légale.

— Il est de toute évidence que les époux eux-mêmes peuvent pratiquer des saisies-arrêts l'un sur l'autre, s'ils se trouvent dans les cas où la loi autorise ce mode de poursuite, c'est-à-dire s'il y a dette certaine, liquide et exigible. Cependant, il y aurait trop de rigueur à exiger toujours le concours de ces conditions. Ainsi, lorsqu'une femme actionne son mari en séparation de corps ou de biens, si on lui refuse absolument le droit de saisir-arrêter sur lui, pour sûreté de ce qu'il lui devra par suite de leur contrat de mariage et du jugement, la séparation ne lui donnera que l'avantage d'être à l'abri de ses sévices et de ses désordres. Il faut pourtant que la reprise de ses apports soit garantie, et ce, d'autant plus que son adversaire fera le plus souvent tout ce qu'il pourra pour échapper aux poursuites en restitution. D'un autre côté, on peut dire que la femme a d'autres garanties pendant l'instance en séparation : elle peut faire apposer les scellés, provoquer l'inventaire, faire nommer un séquestre par le tribunal. Si l'on permet aussi à la femme d'entraver les opérations du mari par des saisies-arrêts dont la validité dépend d'une séparation éventuelle, on donnera lieu à de graves abus. — C'est pourquoi la jurisprudence offre là-dessus des solutions variées (1). Il faut reconnaître, croyons-nous, que les tribunaux peuvent, dans leur sagesse, maintenir, restreindre ou lever la saisie faite en pareille hypothèse, selon qu'elle leur paraîtra fondée et nécessaire d'après la situation des parties, et suivant les circonstances de la cause.

— Les tribunaux et les auteurs admettent aussi, comme *moyen de contraindre les femmes à réintégrer le domicile conjugal,* la saisie-arrêt pratiquée par leurs maris sur leurs revenus personnels. Le mari peut être autorisé à toucher une portion ou la totalité des revenus de la femme pour la contribution de celle-ci aux charges du ménage, jusqu'à sa rentrée au domicile conjugal. Le jugement qui autorise la saisie des revenus, n'enlève pas à la femme l'administration de ses biens, lorsqu'elle n'abuse pas de ce droit pour faire fraude au jugement (2).

VI. — *Saisies-arrêts en matière de faillite.* — La saisie-arrêt pratiquée après le jugement déclaratif de faillite est nulle; c'est un acte de poursuite, et la faillite suspend le droit des créanciers d'exercer des poursuites individuelles. Mais si nous supposons le jugement de validité de la saisie-arrêt antérieur au jugement déclaratif de faillite, qui reporte la cessation des payements à une époque antérieure à la saisie, celle-ci n'est pas annulable, car l'art. 446, C. comm., n'annule que les conventions intervenues entre le failli et

<hr>

(1) *Pour :* Caen 16 mars 1825; Cass., 14 mars 1855. — *Contre :* Bordeaux, 6 février 1850; Rennes, 27 août 1851.

(2) Delvincourt — Demolombe — Duranton — Roger — Marcadé, etc. — Nîmes, 20 février 1862; Lyon, 19 mars 1870. — *Contre,* Pau, 11 mars 1863.

ses créanciers par suite d'une présomption de fraude inapplicable à un jugement.

Il y a impossibilité, d'autre part, de faire sur un failli, entre les mains de son syndic, soit une saisie-arrêt, soit une saisie-exécution : d'un côté, la faillite met fin à toute action individuelle, et d'ailleurs pourquoi saisir-arrêter entre les mains des syndics, puisqu'ils ne doivent rien remettre au failli et qu'ils ont seuls l'administration de tout ce qui lui appartient? — Toutefois, il est certain que tout créancier d'un individu a le droit de former saisie-arrêt entre les mains des syndics sur les sommes que la faillite doit à cet individu.

Le créancier qui a un privilége ou un droit réel a un intérêt distinct et opposé à celui de la masse; il pourra donc saisir-arrêter même après la déclaration de faillite, afin que la chose arrêtée ne se confonde pas avec les autres valeurs de l'actif du failli en tombant entre les mains des syndics (546, 548, 571, C. comm.).

Le failli n'est pas interdit par le jugement déclaratif; par suite, si après ce jugement il contracte avec des tiers, ses obligations seront valables. Les créanciers nouveaux auraient donc le droit de saisir-arrêter les sommes nouvelles dues au failli si les syndics ne le faisaient, car ces biens nouveaux n'appartiennent pas exclusivement aux créanciers de la failiite.

La transcription de la saisie immobilière immobilise les loyers et fermages qui sont distribués avec le prix de l'immeuble par ordre d'hypothèque. L'art. 685, C. proc., nous dit qu'en ce cas : « Un simple acte d'opposition, à la requête » du poursuivant ou de tout autre créancier hypothécaire, » vaudra saisie-arrêt entre les mains des fermiers et locataires. » Or, cette opposition peut être formée après la déclaration de faillite; l'art. 571, C. comm., en effet, accorde aux créanciers inscrits la faculté de poursuivre, même après la faillite du débiteur saisi, l'expropriation de ses immeubles.

La clôture de la faillite pour cause d'insuffisance d'actif, ou la liquidation définitive, sans concordat, rendent aux créanciers l'exercice de leurs actions individuelles (539, C. comm.). Ils pourront, dès lors, former des oppositions sur le failli.

CHAPITRE QUATRIÈME.

Objets qu'on peut saisir-arrêter.

L'art. 557, C. proc., déclare que « tout créancier peut » saisir-arrêter entre les mains d'un tiers les sommes et » effets appartenant à son débiteur. »

Ces choses doivent être *mobilières dans le commerce et susceptibles d'être vendues;* peu importe d'ailleurs qu'elles soient corporelles ou incorporelles, présentes ou à venir (2092, C. civ.). Il faut aussi, nous l'avons dit, qu'elles soient *entre les mains d'un tiers,* soit qu'elles n'aient point cessé d'appartenir au débiteur (dépôt, prêt à usage, gage, etc.), soit qu'elles lui soient dues par suite d'un contrat (appointements, loyers, etc.).

Les exceptions à la règle de saisissabilité résultent, soit des principes généraux du droit, soit des dispositions de lois spéciales, et reposent sur des considérations d'utilité publique, de justice et d'humanité.

SECTION I.

CHOSES QUI SONT OU NON SAISISSABLES D'APRÈS LES PRINCIPES GÉNÉRAUX DU DROIT.

—

ART. I. — DES CHOSES APPARTENANT OU POUVANT APPARTENIR AU DÉBITEUR.

L'art. 2092 vise les biens présents et à venir. Il s'ensuit qu'on peut saisir-arrêter sur le débiteur, non-seulement *ce qui lui est dû*, mais aussi *tout ce que lui devra* le saisi (c'est. du reste, ce que portent d'ordinaire les exploits), pourvu toutefois que la créance que l'on arrête *existe au moins en germe.*

Ainsi pourraient être arrêtés : l'*indemnité d'assurances*, en cas de sinistre, avant tout sinistre (1); — une dette conditionnelle, telle que la *dette de la caution* du débiteur saisi; — les appointements (2) et loyers non échus; — *les reprises* que la femme aura le droit d'exercer après la dissolution de la communauté. — Mais ces oppositions n'ont d'effet, bien entendu, qu'autant que le saisi n'a point perdu la qualité de créancier à l'époque du sinistre, de la dissolution du mariage, etc.

Il faut que la chose arrêtée soit due au saisi lui-même : mais la saisie serait valable quoique la chose ne lui appartînt *que par indivis* (3).

(1) Boudousquié, *Traité des assurances*, p. 362.
(2) Bordeaux, 27 novembre 1871.
(3) Pau, 24 avril 1858.

Ainsi, la saisie-arrêt faite par un créancier d'un communiste ou d'un successible sur la part indivise de ceux-ci est valable, car leurs droits sont certains quoique indéterminés, puisqu'ils peuvent les transporter et les vendre (780, 841, 1696, etc., C. civ.). Mais le partage peut avoir pour résultat de rendre la saisie sans effet. Ainsi, le créancier d'un communiste ou d'un cohéritier qui, après la dissolution de la communauté ou l'ouverture de la succession, a fait une saisie-arrêt sur la part revenant à son débiteur dans une créance de la communauté ou de la succession, sera privé de l'effet de cette saisie, si par le partage ultérieur cette créance échoit en totalité à un cohéritier ou communiste autre que son débiteur. C'est l'application de l'art. 883 du C. civ. (1). — Nous savons qu'on peut aussi saisir-arrêter les choses indivises entre légataires.

Passons un peu en revue les diverses espèces de meubles.

— La saisie-arrêt est la seule voie pour frapper les *choses mobilières incorporelles.* Il y aurait monstruosité, dit M. Roger, à saisir-exécuter des *titres de créance* et à les vendre ensuite sur la place publique. C'eût été ruiner le saisi sans satisfaire le saisissant. En effet, puisque les meubles saisis se vendent souvent à vil prix après saisie-exécution, les titres de créance, payables à longue échéance, perdraient la moitié, les trois quarts peut-être de leur valeur, à cause de l'insolvabilité présumée de celui qui doit les payer, et quoique l'acheteur en prenne possession au moment de l'achat. Comment d'ailleurs concilier cela avec l'art. 1241, C. civ.? Et l'intérêt du saisi n'est pas seul en jeu ; s'il y a plusieurs créanciers, pourquoi, sur la demande

(1) Chauveau — Roger — Aubry et Rau. — Cass., 24 janvier 1837. — *Contra :* Pigeau — Paris, 3 janvier 1829.

de l'un d'eux, mettre aux enchères une créance que les autres ne voudraient pas faire vendre? Cette créance est le gage commun de tous, et il y aurait injustice évidente à sacrifier l'intérêt général à l'impatience irréfléchie d'un seul créancier plus avide que sage. Du reste, l'art. 591, C. proc., en prescrivant à l'huissier chargé de saisir-exécuter, de faire apposer les scellés *sur les titres et papiers,* lorsque le saisi *est absent,* prouve bien que s'il est présent, les titres et papiers doivent rester en sa possession (1). On ne pourra même pas, pour les créances, suivre la voie tracée au Code pour la saisie des rentes constituées sur particuliers (636 et suiv., C. proc.). L'idée du législateur, en effet, était que les rentes fussent saisies-arrêtées et non saisies-exécutées, et ce n'est que la nature spéciale de ces créances qui l'a forcé à déclarer qu'elles seraient vendues. « On ne peut
» contraindre le débiteur d'une rente à en rembourser le
» capital, disait l'orateur du Tribunat, tandis que le débi-
» teur d'une créance peut être contraint à la payer entre
» les mains du saisissant. Il faut donc nécessairement, pour
» les rentes, en convertir la valeur en argent au moyen de
» la vente pour satisfaire le créancier (2)... »

— Les *rentes constituées sur particuliers en perpé-tuel ou en viager* ne sont point susceptibles d'être saisies-arrêtées. Elles sont régies par la loi du 24 mai 1842 (636 et suiv., C. proc.) et soumises à une procédure spéciale qui tient, avons-nous dit, de la saisie-arrêt et de la saisie immobilière; nous venons tout à l'heure d'en donner les motifs. Néanmoins, l'art. 640, C. proc., indique un effet accessoire

(1) Chauveau, Thomine, Roger. — *Contra :* Paris, 5 août 1842, et 24 juin 1851. Ces arrêts admettent pour la vente les formalités des art. 642 et suiv., C. proc.

(2) Locré, *Esprit du Code de procédure,* sur l'art. 636.

fort important de l'exploit de saisie de la rente; « cet exploit
» *vaudra toujours saisie-arrêt* des arrérages échus et
» à échoir, jusqu'à la distribution. » — Observons que la
rente viagère n'est saisissable que si elle est constituée à titre
onéreux (581, C. proc.), et que, d'autre part, la loi de 1842
ne vise que le capital des rentes; on peut toujours saisir-
arrêter les arrérages.

— Les *actions et intérêts dans les compagnies de
finance et d'industrie* ne peuvent être que saisis-
arrêtés (1). Le Code de 1806 n'avait pas prévu la saisie de
ces choses, à peine en usage à cette époque. Lors de la discussion de la loi du 24 mai 1842, M. Persil présenta un
amendement, pour étendre les dispositions de cette loi aux
actions et intérêts en question. Cet amendement fut re-
poussé, le Gouvernement s'étant engagé à présenter une loi
spéciale à ce sujet, loi qui n'a pas encore paru. La saisie-
arrêt est donc seule praticable : seulement, après le jugement de validité, les juges pourront régler, suivant l'intérêt
des parties, le mode de vente des objets saisis et ordonner,
par exemple, que la vente sera faite en l'étude d'un notaire,
et non par un commissaire-priseur (2). — Nous parlerons
des *effets de commerce* et des *billets, actions,* etc., *au
porteur,* sous l'article suivant, à propos de l'*endossement.*

— L'*usufruit d'un immeuble* ne peut être saisi-arrêté.
C'est un immeuble à l'égard duquel la saisie immobilière est
seule possible (526 et 2204, C. civ.). — L'*usufruit d'une
chose mobilière* ne peut pas non plus être saisi-arrêté;
il devra être appréhendé par la voie ouverte pour la saisie
des rentes constituées ou par la saisie-exécution, selon que
la chose sera entre les mains d'un tiers ou de l'usufruitier.

(1) *Jurisprudence générale.*
(2) Paris, 2 mai 1841.

Mais les loyers et fermages dus à l'usufruitier sont des fruits civils et susceptibles d'être frappés d'opposition. Il en est de même d'un ou de quelques termes d'intérêts, par exemple au cas d'usufruit d'une somme d'argent.

— Quant à l'*usage*, c'est un droit personnel et qui ne peut jamais être saisi (631, 634, C. civ.).

— Quelquefois les créanciers d'un propriétaire ou d'un usufruitier trouvent trop lents les effets d'une saisie-arrêt qui se réduisent à leur faire délivrer, à mesure qu'ils échoient, les fruits dus à leur débiteur par son fermier; d'un autre côté, il leur répugne de faire saisir et vendre le fonds donné à bail. Pour obvier à cet inconvénient, quelques auteurs pensent que ces créanciers peuvent *saisir le bail lui-même* et le faire vendre, moyennant une somme qui leur procurera leur payement plus promptement que la saisie-arrêt des fruits. Ils permettent également aux créanciers du fermier de *saisir le bail* à lui consenti, si ce bail lui rapporte plus qu'il ne rend au bailleur et s'il n'y a pas prohibition de le céder (1). — Quelque parti que l'on prenne sur cette question, il nous semble qu'il ne peut être question de saisie-arrêt, puisque le bail n'est pas entre les mains d'un tiers : dans les deux cas il faut suivre les formalités des art. 636, C. proc., et suivants.

— Un *office ministériel* n'est jamais entre les mains d'un tiers, et par conséquent ne peut être saisi-arrêté. Toutefois la Cour de Bourges a jugé que l'opposition formée par le créancier d'un officier ministériel, entre les mains du syndic de la chambre, si elle n'a pas pour effet d'empêcher cet officier de vendre son étude, permet du moins à la chambre d'imposer, comme mesure de discipline, au suc-

______

(1) Pigeau — Chauveau. — *Contra*, Dalloz.

cesseur, l'obligation d'employer au payement de la créance le prix de la vente, et de lui refuser jusque-là un certificat d'admission (1). Nul doute d'ailleurs que le prix de vente d'un office ministériel ne puisse être saisi-arrêté.

— On ne peut saisir-arrêter les *titres et papiers de famille* qui ne sont pas susceptibles d'être vendus; — ni les *papiers trouvés sur un prévenu* au cours d'une instruction et déposés au greffe (2); — ni les *expéditions d'un navire,* c'est-à-dire les papiers nécessaires pour son départ (3) (acte de propriété du navire, acte de francisation, rôle d'équipage, congé de sortie).

— On ne peut saisir *un manuscrit* que si l'auteur a déjà manifesté l'intention de livrer son œuvre à la publicité.

— Les *brevets d'invention* peuvent être saisis-arrêtés, dans la forme des saisies-arrêts faites aux mains des fonctionnaires publics (4).

— Les *droits d'auteur* peuvent aussi être saisis-arrêtés. Dans l'ancien droit, on avait poussé la protection accordée aux gens de lettres jusqu'à déclarer complétement insaisissables les droits d'auteur. C'est ce qu'avait décidé un arrêt du Conseil d'État du 21 mars 1749, rendu en faveur de Crébillon, et annulant une saisie-arrêt sur ce qui lui revenait dans le produit de la représentation de *Catilina.*

— Les *prix mis au concours* et décernés par l'Institut et les différentes académies sont saisissables, s'ils consistent en argent et. si l'acte de fondation ne décide le contraire, auquel cas il faut leur appliquer l'art. 581, C. proc.

---

(1) Bourges, 31 mai 1826.
(2) Amiens, 1er juin 1838.
(3) Rennes, 28 février 1824 — Rouen, 2 février 1811. — Carré — Roger.
(4) Lyon, 20 juin 1857.

— Aux termes de l'art. 1293, C. civ., celui qui doit restituer *une chose volée*, ou *une chose prêtée à usage*, ou *déposée* entre ses mains, ou *qui doit des aliments insaisissables*, ne peut opposer la compensation. Il ne pourrait donc saisir-arrêter entre ses propres mains; car le but de la loi est qu'il ne puisse se payer avec ces choses. Mais d'après l'art. 1948, C. civ., le dépositaire aurait droit de retenir le dépôt, jusqu'à l'entier payement de ce que lui doit le déposant à raison du dépôt.

— Le *gage* détenu par un créancier gagiste, avec un privilége qui lui assure le payement de sa dette, n'en reste pas moins le gage de tous les créanciers qui peuvent le saisir-arrêter entre les mains de celui qui le détient. Le gagiste a, il est vrai, un droit de rétention, mais ce droit ne peut lui donner la faculté d'empêcher la vente du gage, dont la valeur peut être supérieure à sa créance. Il a le droit de se faire, sinon désintéresser d'avance, ce qui serait impossible, du moins garantir le remboursement préalable de sa créance sur le prix de la vente (1).

Si un négociant a donné en gage une créance à un autre négociant qui lui a ouvert un crédit, les créanciers du premier ne peuvent, par une saisie-arrêt, détruire le privilége que le deuxième a sur le gage pour les sommes qu'il a fournies; mais ce privilége ne leur est pas opposable si la saisie-arrêt a eu lieu avant qu'il y ait eu des sommes fournies au crédité. Nous admettons, en effet, que le privilége, comme l'hypothèque en ce cas, ne prend rang qu'à partir des premières avances (2).

Les *valeurs* remises à un agent de change, *à titre de*

---

(1) Cass., 31 janvier 1832.

(2) Pothier — Merlin — Toullier — Troplong. — *Contra, Jurisprudence.*

corverture, peuvent être saisies-arrêtées par les créanciers
du client de l'agent de change, tant qu'il n'y a pas eu entre
ce dernier et son client d'arrêté de compte, et que l'agent
de change n'a pas été autorisé à les appliquer à la liquidation des opérations. Jusque-là, en effet, elles sont restées
la propriété du client, et elles peuvent être saisies par ses
créanciers. Mais ces valeurs ne sauraient plus être saisies
lorsqu'elles ont été affectées exclusivement au payement des
sommes ou différences dues à l'agent de change, c'est-à-
dire si, avant la saisie, le client lui en a volontairement
transféré la propriété, en l'autorisant à les vendre et à les
convertir en argent, pour le prix être employé au payement
des différences (1).

— On cesse de pouvoir saisir-arrêter si telle est *la convention des parties* ou *si la destination de la chose s'y
oppose*. C'est ainsi que des arrêts ont décidé que le mari,
qui aurait autorisé sa femme à être actrice, ne pourrait
toucher les appointements de celle-ci : ils lui sont indispensables pour exercer son état (2). — Les loyers et fermages
immobilisés, à partir de la saisie immobilière (685, C. proc.),
ne peuvent plus dès lors être saisis-arrêtés par les créanciers chirographaires. De même, au cas de vente volontaire,
le prix de vente délégué aux créanciers hypothécaires emporte comme accessoire les intérêts de ce prix, sur lesquels
les chirographaires ne peuvent plus dès lors faire de saisie-
arrêt. — L'usufruit légal du père ou de la mère, sur les
biens de leurs enfants, ne peut être saisi que pour l'excédant qui revient au père ou à la mère après la dépense
que peut exiger l'éducation des enfants (3).

(1) Aix, 5 juin 1868 — Paris, 13 juin 1868.
(2) Lyon, 23 juin 1837.
(3) Marcadé — Demolombe. — Colmar, 27 janvier 1835.

Art. II. — Des choses qui n'appartiennent plus au débiteur.

Les principes du droit s'opposent à ce qu'on puisse saisir-arrêter les choses qui n'appartiennent plus au débiteur, telles que les effets mobiliers, droits ou créances dont il aurait transféré la propriété à un tiers. — Mais il ne faut pas oublier que les créanciers ont toujours le droit d'attaquer l'aliénation, s'il y a lieu, comme faite en fraude de leurs droits (1167, C. civ.).

— Pour les *meubles corporels*, il n'y a pas de difficulté; la saisie-arrêt devient impossible quand le débiteur en a transféré la propriété, et cette propriété se transfère, croyons-nous, par le seul consentement (1138, C. civ.) (1).

– Toutes les fois qu'une dette sera *payée*, qu'elle se trouvera *compensée* par le fait de l'existence au profit du tiers saisi d'une créance réunissant les conditions nécessaires pour la compensation, etc., les saisies-arrêts qui interviendraient ensuite seront forcément sans effet, parce qu'elles frappent dans le vide, et qu'elles n'ont plus d'objet. Il en sera de même quand une remise de la dette aura été faite.

— Venons-en à la *cession de créance*.

Il faut remarquer d'abord que pour être à l'abri de la saisie-arrêt, le cédant doit s'être véritablement dessaisi. Une *délégation imparfaite* ne suffirait pas. Les anciens praticiens disaient que *cette délégation ne vaut que saisie*, c'est-à-dire qu'elle ne donne pas au délégataire plus de droit qu'une saisie faite aux mains du débiteur délégué (2).

Pour que la cession d'une créance produise effet *à l'égard*

(1) *Contra :* Toullier — Troplong.

(2) Caen, 5 mai 1836, pour la délégation des arrérages à échoir d'une rente.

des tiers (et par conséquent à l'égard des créanciers saisissants), il faut qu'il y ait eu signification du transport au
débiteur cédé, ou acceptation de sa part dans un acte
authentique (1690, C. civ.). C'est donc à la date de la
signification ou de l'acceptation qu'il faut s'attacher, non
à celle du transport. « Simple transport ne saisit » (108,
Cout. de Paris). La simple connaissance du transport par les
tiers ne peut remplacer les formalités précédentes (1071,
C. civ.), et les tiers, même connaissant le transport,
peuvent saisir-arrêter entre les mains du cédé; mais la
cession est néanmoins valable entre le cessionnaire et le
cédant. — Lorsque la saisie-arrêt et la notification de la
cession ont eu lieu le même jour, sans que les actes portent
d'heure indiquée, la somme doit être partagée par contribution entre le cessionnaire et le saisissant. Lorsque la
preuve de l'antériorité de l'un de ces actes ne résulte pas
des exploits, elle peut être faite par témoins; ce n'est pas là
violer l'art. 1341, C. civ., car il ne s'agit pas de prouver
outre le contenu à l'acte; il s'agit d'un fait qui est étranger
à la teneur légale des exploits (1).

En cas de faillite du cédant, la cession est nulle si elle
n'a été ni signifiée, ni acceptée, ou ne l'a été qu'après le
jugement déclaratif de faillite (443, C. comm.), — ou
si elle a eu lieu depuis la cessation des payements, et pour
le payement d'une dette antérieure (446, C. comm.). —
Mais une cession faite avant les dix jours qui précèdent
la cessation des payements, quoique signifiée depuis cette
cessation, mais avant le jugement déclaratif, est valable,
car depuis la loi du 28 mai 1838 (nouvel art. 443), le
dessaisissement du failli ne remonte plus qu'au jour du

____

(1) Grenoble, 30 décembre 1837.

jugement déclaratif. Il y a, du reste, analogie complète du cas de signification de cession au cas d'inscription d'hypothèque prévu par l'art. 448, C. comm., qui dit que : « les droits d'hypothèque et de privilége valablement acquis » pourront être inscrits jusqu'au jugement déclaratif de » la faillite. » — Si ce transport a pour but le payement d'une dette contractée depuis la cessation des payements, il est valable, pourvu qu'il soit notifié avant le jugement déclaratif de faillite.

On peut céder une créance *échue*, une créance qui n'*est pas échue* pourvu qu'elle soit *née*, enfin une créance *conditionnelle*, parce que si la condition se réalise, elle rétroagit au moment de la convention et que, par suite, la créance est réputée née à cette époque.

Le prix de vente d'un office ministériel peut être cédé par le vendeur même avant la nomination du successeur ; la saisie-arrêt pratiquée après cette cession serait donc nulle, quoique faite avant cette nomination. Il en serait ainsi, alors même que le Gouvernement n'aurait approuvé le traité que moyennant une réduction du prix, car c'est toujours en vertu du premier traité que le prix est dû et que le cédant a pu céder (1).

Il est certain qu'on peut faire la cession avant l'échéance, des *arrérages, intérêts, fermages* ou *loyers*, auxquels on aura droit. Ne peuvent être frappés de saisie-arrêt les fruits non encore échus au moment de la signification du transport, et qui échoient postérieurement à cette signification, mais avant la saisie-arrêt sur le cédant, car ils tombent au fur et à mesure qu'ils naissent dans la propriété du cessionnaire. Quant aux fruits qui n'échoient qu'après la saisie-arrêt,

(1) Cass., 11 décembre 1855.

nous pensons aussi qu'ils doivent être attribués au cessionnaire, sauf l'application de l'art. 1167, C. civ. (1).

Pour la cession d'un usufruit, dès que le cessionnaire
a fait transcrire son titre, il est investi du droit d'usufruit
à l'égard des tiers. Ceux-ci ne pourraient saisir les fruits
échus depuis la transcription, mais ils peuvent faire valoir
leurs droits, hypothèques et priviléges, s'ils en ont, et s'ils
les ont conservés.

Si l'on admet la saisie-arrêt d'un bail, il faut reconnaître
aussi que ce bail ne peut plus être saisi-arrêté, quand il a été
cédé, par exemple, par le preneur.

Les fruits d'un immeuble remis à titre d'*antichrèse*, se
trouvant aliénés au profit d'un tiers, ne peuvent plus être
saisis par les créanciers du débiteur qui les a cédés.

Nous avons vu qu'il en était de même des valeurs remises
à un agent de change à titre de payement.

Le legs fait à un débiteur de la somme par lui due, peut
être opposé aux créanciers du testateur, de telle sorte qu'ils
ne peuvent saisir-arrêter la créance léguée entre les mains
du débiteur (2).

— Parlons un peu des *effets de commerce*.

La nécessité de la *signification* n'existe pas à leur égard ;
l'*endossement* en transfère la propriété d'une manière
absolue et irrévocable, même à l'égard des tiers. Il serait
donc facile au porteur de l'effet d'éluder la saisie en faisant
un endossement à un tiers : d'autre part, le tiré, par exemple,
qui ne voudrait pas payer trouverait toujours un compère
pour faire faire une saisie-arrêt entre ses mains. Aussi, et
dans le but de faciliter la circulation des effets de commerce

---

(1) Duranton — Duvergier. — *Contra :* Pigeau — Delvincourt.
(2) Req., 2 mars 1852.

en donnant toute assurance d'un payement prompt et exempt d'embarras, on a admis qu'il n'est pas possible de faire une saisie-arrêt entre les mains du souscripteur d'un billet à ordre, ni du tiré d'une lettre de change, qu'il ait ou non accepté cet effet. Aucune saisie-arrêt ne peut être opposée à celui qui est porteur de l'effet, que l'endossement soit antérieur ou postérieur à l'échéance (1). L'art. 149, C. comm., semble faire exception à ce principe en permettant de s'opposer au payement d'une lettre de change : 1° en cas de *perte* de l'effet ; 2° en cas de *faillite* du porteur, mais dans ces deux cas l'opposition formée au payement n'a pas le caractère d'une saisie-arrêt proprement dite ; car dans le premier, elle a lieu au profit du propriétaire même du titre et pour qu'un autre ne touche point à son préjudice une créance qui lui appartient, et dans le second, elle n'a lieu que pour empêcher le payement qui serait fait à un créancier particulier, au détriment de la masse.

S'il y a quelque contestation sur la provision, si par exemple l'existence de cette provision est subordonnée à un compte à faire entre le tireur et le tiré, on ne peut pas alors la regarder comme la propriété assurée et exclusive du porteur de la lettre de change ; de telle sorte que, s'il intervient une saisie-arrêt de la part d'un créancier du tireur, le tribunal, dans ce cas, ne pourrait en ordonner la mainlevée au profit du porteur, sans entendre le créancier opposant (2).

Le porteur d'une lettre de change n'a pas besoin, en cas d'existence d'une provision entre les mains du tiré, de recourir à la saisie-arrêt pour l'empêcher de se dessaisir de cette provision ; il lui suffit de signifier au tiré une simple

(1) Cass., 23 juillet 1853.
(2) Cass., 9 juin 1811.

défense. — Mais s'il n'y a pas de provision entre les mains du tiré, il faut, pour l'empêcher de se dessaisir de ce qu'il peut devoir au tireur, procéder par voie de saisie-arrêt (1).

Dans le cas de l'*endossement irrégulier ou en blanc*, la négociation du billet peut avoir lieu, et la propriété être transférée régulièrement à un tiers par le porteur ; mais ce porteur n'est qu'un mandataire, et si son mandat a été révoqué, le propriétaire de l'effet peut de même s'opposer à ce que le tiré ou le souscripteur du billet paye au porteur. La masse de ses créanciers, au cas de faillite, aurait le même droit.

— La cession de certains *billets* et *actions* de *sociétés commerciales*, etc., s'opère par la *simple remise* du titre (art. 35, C. comm.), ou par un simple *transfert* sur les registres sans *signification*. Dès que ces valeurs sont tranférées selon le mode qui leur est propre, on ne peut plus les saisir-arrêter sur le cédant.

On conçoit qu'il est de toute impossibilité de saisir-arrêter, par exemple les *billets de banque*, les *bons* émis par le Trésor public, payables au porteur, les *reconnaissances du Mont-de-Piété* aussi au porteur, les *obligations du Crédit foncier, celles des chemins de fer*, etc., qui passent de main en main. Et d'ailleurs, on ne peut savoir pour celles qui sont payables à terme, qui en sera le porteur lors de l'échéance. Elles ne sont donc susceptibles que de saisie-exécution. — Mais le propriétaire de ces valeurs qui les a perdues ou à qui on les a volées, peut former opposition à leur payement (2).

(1) Cass., 1er juin 1858.
(2) Loi du 15 juin 1872.

SECTION II.

CHOSES QUI SONT OU NON SAISISSABLES D'APRÈS LES DISPOSITIONS SPÉCIALES DE LA LOI.

L'art. 581, C. proc., s'exprime ainsi : « Seront insaisis-
» sables : 1° les choses déclarées insaisissables par la loi;
» 2° les provisions alimentaires adjugées par justice; 3° les
» sommes et objets disponibles déclarés insaisissables par le
» testateur ou donateur; 4° les sommes et pensions pour
» aliments, encore que le testament ou l'acte de donation
» ne les déclare pas insaisissables. »

Art. I. — Choses déclarées insaisissables par la loi.

Il faut remarquer d'abord que, dans les choses déclarées insaisissables par la loi, le législateur n'a pas entendu ni pu comprendre les choses énumérées art. 592 et suiv., C. proc., au titre de la saisie-exécution, pour la raison bien simple qu'étant en la possession du débiteur, on ne peut les saisir-arrêter.

§ 1. — *Sommes dues à l'État ou à des établissements publics.*

(Loi du 24 août 1790 et art. 5 de l'arrêté du 18 fructidor an VIII.)

Toute somme due à l'*État* est réputée, du moment où elle est exigible, être déjà versée dans les caisses publiques. Un créancier de l'administration ne saurait donc la frapper de saisie-arrêt. C'est que la présomption de solvabilité qui existe en faveur de l'État ne permet pas qu'il puisse jouer

le rôle de débiteur saisi. D'autre part, le principe de l'indé-
pendance des pouvoirs serait violé, et l'administration serait
entravée dans sa marche, si les deniers de l'État pouvaient
être saisis à la requête des particuliers. Les tribunaux com-
mettraient donc un excès de pouvoir en déclarant valables
des saisies-arrêts pratiquées sur des sommes dues à l'État.

Le créancier de l'État qui veut se faire payer doit s'adresser
à l'autorité administrative; il est à la merci de l'administration et se trouve ainsi exposé à des lenteurs préjudiciables
à ses intérêts. « Il serait à désirer, dit M. Dumesnil (1),
» qu'une loi intervînt pour concilier les droits des créanciers
» du Trésor avec les formes protectrices de l'inviolabilité
» des fonds d'État. »

Les *communes* jouissent aussi du privilége de ne pouvoir
être poursuivies par voie de saisie-arrêt. Deux avis du
Conseil d'État, l'un du 12 août 1807 sur les fonds des communes déposés à la caisse d'amortissement, l'autre du 11 mai
1813 s'appliquant à toutes sortes de fonds à elles dus ou
leur appartenant, ont solennellement proclamé l'impossibilité de les poursuivre de cette façon. La commune sur
laquelle serait pratiquée une saisie-arrêt obtiendrait donc
sans peine que cette saisie fût levée; mais elle ne devrait
point s'adresser à cet effet à l'autorité administrative; elle
doit demander cette mainlevée au tribunal civil, parce que
ces tribunaux seuls peuvent juger de la validité d'une saisie-
arrêt (2).

Il faut appliquer les mêmes règles aux *hospices* et aux
établissements de bienfaisance, car leur comptabilité se
règle d'après les mêmes principes, aux fabriques et aux

(1) Dumesnil, *Trésor public*, n° 89.
(2) Conseil d'État, 29 avril 1809.

consistoires dont les biens et les dépenses sont réglés administrativement; enfin, généralement à tous les fonds dus
aux établissements publics dont les dettes doivent être
payées par règlement de l'autorité administrative.

Remarquons que si la créance a été reconnue, la liquidation faite, le payement ordonné et la somme assignée sur
les fonds de l'établissement public par l'autorité compétente,
les tribunaux peuvent valider la saisie-arrêt. L'administration ayant consommé son mandat, dès lors le tribunal, en
validant la saisie-arrêt, ne sort pas de ses attributions.

Il ne faut pas comprendre dans la classe des établissements publics toutes les institutions d'intérêt public; telles
seraient les *caisses d'épargne* (1), *sociétés de secours
mutuels*, etc., qui bien que créées dans un intérêt public
et avec l'autorisation du Gouvernement, n'en sont pas
moins des établissements privés, et comme tels soumis pour
le payement de leurs dettes aux principes qui régissent les
particuliers.

— Le créancier d'un gouvernement étranger peut-il
saisir-arrêter en France les sommes ou valeurs appartenant
à ce gouvernement? On a dit, pour l'affirmative, que l'Etat
étranger devait être assimilé à un étranger, et régi par
l'art. 14, C. civ., et que l'État français devait seul profiter
des présomptions de solvabilité que des lois spéciales ont
créées pour lui seul, etc. Il n'en est pas moins vrai, en
dehors de toutes autres considérations, qu'il est exorbitant
de soumettre un gouvernement, pour les engagements qu'il
contracte, à la juridiction d'un autre État, si l'on considère
surtout que l'art. 14, C. civ., n'a trait qu'aux droits
civils des personnes. Aussi la jurisprudence est unanime à

(1) Cass., 5 mars 1856.

résoudre cette question négativement (1). Les créanciers ne peuvent donc se pourvoir que par la voie diplomatique.

Mais il faudrait décider autrement à l'égard d'un prince étranger ayant contracté en son nom particulier : ses biens pourraient être frappés de saisie-arrêt. Il faut en dire autant des ambassadeurs et des consuls en dehors de leurs fonctions publiques, et dans les rapports commerciaux qu'ils entretiennent avec les habitants du pays où ils résident.

§ 2. — *Sommes dues par l'État.*

Si l'État ne peut pas jouer le rôle de *débiteur saisi*, il peut être du moins *tiers saisi*. Le motif qui devait faire prohiber la saisie-arrêt des sommes appartenant à l'État ou à des établissements publics, ne se présentant pas à l'égard des sommes dues à l'État par des particuliers, il semble que rien ne devrait empêcher de saisir-arrêter celles-ci. Cependant il est des cas où il importe à l'État que les sommes dont il est débiteur soient remises à ceux à qui elles sont destinées et ne soient pas détournées de leurs mains.

I. — Sommes dues aux entrepreneurs de travaux publics
(Loi du 21 pluviôse an II).

Le Gouvernement a le plus grand intérêt à ce que les fonds qu'il doit à des entrepreneurs de travaux faits pour son compte parviennent à ceux-ci, et soient remis aux ouvriers employés à ces travaux. Ces conditions sont indispensables pour que l'entreprise arrive à bonne fin. Aussi ces fonds ne

---

(1) Cass., 22 janvier 1819 — Seine, 22 avril 1858. — *Contra*, Legat, *Code des étrangers.* — Il est étonnant que cette question ne se soit pas présentée récemment à propos des fonds turcs; nous n'avons pas trouvé d'arrêt.

sont-ils point en général susceptibles de saisie-arrêt. Cela ressort de la loi du 21 pluviôse an II, qui bien que ne devant être que provisoire jusqu'à l'organisation définitive des travaux publics, n'est pas abrogée sur ce point (1).

Elle déclare que les *ouvriers* pour leurs salaires, et les *fournisseurs* de matériaux, peuvent seuls saisir-arrêter les sommes dues par l'État aux entrepreneurs, et se faire payer avant les autres créanciers particuliers, même le bailleur de fonds. Un décret du 12 décembre 1806 accorde le même privilège aux *sous-traitants* des entrepreneurs ou fournisseurs du ministère de la guerre. — Les créanciers ordinaires des entrepreneurs n'ont de garantie que sur les sommes dues pour solde, après la confection et la réception des travaux.

Il faut bien observer que cette loi ne s'applique *qu'aux travaux de l'État* seulement. Elle n'est donc pas applicable aux travaux faits pour le compte des *communes*, des *départements*, ni de *simples compagnies*, telles que les compagnies de chemins de fer. D'après un arrêt de la Cour de Poitiers (2), il faut trois conditions pour que les créanciers ci-dessus puissent invoquer leur bénéfice : 1° que les travaux soient exécutés pour le compte de l'État; 2° que pour les soldes, il y ait des fonds déposés dans une caisse publique, qui aient été affectés à cet usage ; 3° que ces fonds, destinés aux adjudicataires et entrepreneurs, ne leur aient pas encore été délivrés.

II. — Traitements dus par l'État.

Art. 580, C. proc. : « Les traitements et pensions dus par

(1) Conseil d'État, 12 février 1819.
(2) Poitiers, 8 mars 1859.

» l'État ne peuvent être saisis que pour la portion déter-
» minée par des lois ou par ordonnances royales. »

I. — *Traitements civils.* — Le principe en cette matière est dans la loi du 21 ventôse an IX : « Les traitements
» des fonctionnaires publics et employés civils sont saisis-
» sables jusqu'à concurrence du cinquième sur les premiers
» mille francs et sur toutes les sommes au-dessous; du
» quart sur les 5,000 fr. suivants, et du tiers sur la portion
» excédant 6,000 fr., à quelque somme qu'elle s'élève, et
» ce, jusqu'à l'entier acquittement des créances. »

Ainsi on pourra saisir 200 fr. sur l'employé dont le traitement est de 1,000 fr. Si le traitement était de plus de
1,000 fr., par exemple de 6,000 fr., on saisirait d'abord la
même somme de 200 fr., cinquième des premiers 1,000 fr.,
plus 1,250 fr. formant le quart des 5,000 fr. suivants.
Total de la saisie, 1,450 fr. Autrement dit, si le fonctionnaire touche par mois 500 fr., on pourra saisir par mois
120 fr. 83.

Le calcul doit se faire sur le traitement tout entier, sans
déduction du prélèvement pour la caisse des retraites. Si le
même individu cumule plusieurs fonctions, la saisie-arrêt
devra être faite sur chacun de ses traitements particuliers,
de sorte que la portion saisissable se calculera, non sur la
masse des traitements réunis, mais sur chacun d'eux considéré isolément.

Toutes indemnités, gratifications ou allocations accordées
aux fonctionnaires ou employés sont considérées en principe
comme accessoires des appointements fixes, et sont susceptibles comme eux d'être grevées d'oppositions. Dans ce cas,
l'indemnité est cumulée avec le traitement, et c'est sur la
somme produite par le cumul que la retenue prescrite par
la loi doit être faite.

Toutefois, il résulte d'avis du Conseil d'État et de décrets administratifs nombreux, que l'insaisissabilité devient totale lorsqu'il s'agit de traitements ou parties de traitements, qui sont plutôt des frais *de représentation nationale* (1), *de déplacement* (2), *de bureau* (3), etc.

La loi de ventôse a été appliquée, soit par des ordonnances, soit par décisions administratives ou judiciaires, à une foule de fonctionnaires ou employés civils qui reçoivent un traitement, non-seulement de l'État, mais des communes ou des administrations publiques, que ce traitement d'ailleurs soit annuel ou mensuel. C'est ainsi que la loi de ventôse a été étendue, par une instruction générale du 15 juin 1810, aux remises faites aux percepteurs, ainsi qu'aux receveurs des hospices et des communes (4). — Mais les salaires qu'une administration paye à des individus auxquels elle ne donne aucun traitement ne doivent pas être déclarés insaisissables, par exemple les salaires payés à un porteur de contraintes.

L'art. 76 de la loi des 23 et 24 juillet 1793 déclare insaisissables les payements, chevaux, provisions, ustensiles et équipages destinés au service de la poste aux lettres. Toutefois il a été jugé que les sommes dues par les entrepreneurs de voitures publiques aux maîtres de poste et formées par l'accumulation des rétributions de 25 centimes non encore

---

(1) Avis du Conseil d'État du 25 novembre 1810, pour les ambassadeurs, etc.

(2) Décision du 19 octobre 1839, pour les contrôleurs des contributions directes, etc.

(3) Décision du 22 janvier 1838, pour les mêmes, etc., etc.

(4) Instructions du 27 août 1815, pour les cantonniers. — Orléans, 24 décembre 1856, pour les médecins et chirurgiens attachés aux hospices civils, etc., etc.

acquittées, ne jouissent pas de ce privilége d'insaisissabilité (1).

— Les traitements des grands corps de l'État, le Sénat et le Corps législatif, sont-ils saisissables? La législation a beaucoup varié sur ce point : voici la solution actuelle de la question :

La loi du 2 août 1875 sur l'élection des sénateurs (art. 26) assimile l'indemnité des sénateurs à celle des députés. — La loi du 30 novembre 1875 (art. 17) sur l'élection des députés, renvoie aux art. 96 et 97 de la loi du 15 mars 1849, d'après lesquels l'indemnité des représentants est saisissable en totalité.

— La loi ne contenant aucune disposition pour les traitements, appointements ou salaires des employés dans les établissements particuliers, il s'ensuit, en principe, que la totalité de ce que leur payent ces établissements peut être saisie-arrêtée. C'est ce que la jurisprudence a reconnu, notamment à l'égard des employés des compagnies de chemins de fer (2), des acteurs dramatiques (3) et des salaires des ouvriers ou domestiques payables à l'année ou à la journée, bien qu'à raison de leur modicité, ils puissent présenter un caractère alimentaire (4).

Mais tout en consacrant ce principe, les tribunaux ne permettent pas toujours au saisissant d'arrêter et de se faire attribuer la totalité du traitement saisi; ils limitent les effets de la saisie jusqu'à la somme que paraît exiger la situation du débiteur (5). Cette jurisprudence est fondée en droit sur

(1) Cass., 11 juillet 1843.
(2) Bordeaux, 17 mars 1858.
(3) Rouen, 5 mars 1836.
(4) Cass., 22 novembre 1853.
(5) Caen, 21 janvier 1869.

l'art. 1244, C. civ., qui permet au juge d'accorder des délais modérés pour le payement et de suspendre même l'exécution des poursuites. Le juge, en maintenant les effets de la saisie jusqu'à la libération complète du débiteur, ordonne que le saisissant recevra son payement par portions séparées et successives et à des époques distinctes, sur les sommes arrêtées, à mesure que ces sommes écherront. Il donne ainsi à l'un le moyen de se libérer, et à l'autre la certitude d'être payé. — C'est ainsi que, pour les artistes dramatiques en particulier, là saisie-arrêt a été restreinte, suivant les circonstances, à la moitié, au tiers, au quart des appointements (1).

L'art. 1244, C. civ., étant fondé sur un principe d'humanité, est d'ordre public, et la convention par laquelle un débiteur aurait délégué par avance tous ses appointements à son créancier ne pourrait pas empêcher le juge de l'appliquer, même s'il y avait titre exécutoire.

II. — *Traitements des ministres du culte.* — Les traitements ecclésiastiques sont insaisissables pour la totalité (arrêté du 18 nivôse an XI, pour les catholiques; 15 germinal an XII, pour les protestants). On étend généralement ce principe aux traitements accordés depuis 1831 aux ministres du culte israélite.

Les revenus personnels des ecclésiastiques et les revenus des biens attachés à la cure ou au vicariat dont les curés ou vicaires ne sont qu'usufruitiers, sont saisissables, sauf l'application de l'art. 1244, C. civ.

Quant au casuel et aux oblations, nous pensons qu'ils ne sont susceptibles de saisie-arrêt pour aucune portion,

(1) Lyon, 28 juin 1837 — Paris, 25 mai et 7 juillet 1843. — Conformément à un arrêt du Conseil du 18 juin 1757, cité par MM. Lacan et Paulmier, *Législation des théâtres*, n™ 211 et suiv.

puisqu'ils font partie, aux termes de l'art. 36 du décret du 30 décembre 1809, des revenus des fabriques. — Ces distinctions existaient aussi dans l'ancien droit (1).

III. — *Traitements militaires.* — Les traitements des officiers ne sont saisissables que pour ce qui excède 600 fr. (loi des 8 et 10 juillet 1791), et pour un cinquième seulement (loi du 19 pluviôse an III). « La trésorerie nationale est
» autorisée à faire payer aux officiers des troupes, aux com-
» missaires des guerres, et à tous autres employés dans les
» armées ou à la suite, grevés d'oppositions par leurs créan-
» ciers, les quatre cinquièmes de leurs appointements, le
» cinquième restant réservé aux créanciers qui pourront,
» d'ailleurs, exercer leurs droits sur les autres biens de leur
» débiteur. » — Bien entendu, d'ailleurs, que les armes, chevaux, habillements, équipements, etc., ne peuvent être ni saisis-exécutés, ni saisis-arrêtés.

Il résulte, en outre, d'une ordonnance du 25 juillet 1839, que le ministre de la guerre peut parfois permettre des retenues plus fortes, et particulièrement dans les cas prévus par les art. 203, 205, 214, C. civ., c'est-à-dire, pour venir en aide aux familles des officiers.

Bien que la voie de l'opposition soit la plus fréquente, néanmoins ces retenues peuvent être ordonnées d'office par le ministre, quand il le juge convenable.

Ces dispositions ont été appliquées aux officiers des corps de troupes de la marine, notamment par une ordonnance du 22 juin 1847.

Les soldes de réforme et leurs arrérages sont incessibles et insaisissables, excepté dans le cas de débet envers l'État

(1) Pothier, *Procédure civile,* n° 497. — Dumesnil, *Législation du Trésor public,* p. 112, n° 162.

et les corps, ou dans les cas des articles précédents, et ce, dans la proportion de 1/5 pour débet, et de 1/3 pour aliments. — Il en est de même de la solde de non-activité. — La solde des prisonniers de guerre n'étant considérée que comme un secours alimentaire et journalier, est insaisissable.

— Les dispositions qui précèdent ne s'appliquent qu'au traitement des officiers. Quant au traitement des sous-officiers, soldats, marins, etc., il faut reconnaître qu'il est complétement insaisissable. C'est ce qui a été jugé pour les cent gardes (1).

Néanmoins, le décret du 1er mars 1854, sur l'organisation de la gendarmerie, contient des dispositions spéciales à ce corps, et qui permettent de provoquer des retenues de 1/5 sur la solde des simples gendarmes pour dettes relatives à leur subsistance, à leur entretien ou aux fonctions du service. — Il en est ainsi des dettes du même genre contractées par les marins, en vertu d'un décret du 11 août 1856.

— Une ordonnance du 1er novembre 1745, qui n'a point été abrogée, frappe aussi d'insaisissabilité les gages et salaires des matelots des bâtiments marchands, sauf pour loyers de maisons, subsistances ou hardes qui leur auraient été fournies ou à leurs familles. Mais cette disposition ne s'applique point aux traitements des capitaines, pilotes et officiers mariniers qui sont saisissables en totalité (2). — Il en était de même des parts de prise (arrêtés des 9 ventôse an IX et 2 prairial an XI; règlement du 17 juillet 1816 et avis du 21 octobre 1818).

Observations. — Les traitements, de quelque nature

(1) Seine, 14 mars 1857.
(2) Aix, 3 janvier 1829.

qu'ils soient, ne sont insaisissables partiellement que pendant la vie du titulaire. Après son décès, ses créanciers
peuvent exercer leurs droits intégralement sur les arrérages
ou sur le décompte non payé.

Les tribunaux ont quelquefois usé de la faculté d'accorder
à la femme d'un employé ou d'un fonctionnaire le droit de
saisir-arrêter le traitement de celui-ci au delà de la portion
saisissable d'après la loi, considérant que c'est plutôt au
profit de leur famille qu'à leur avantage personnel que la
loi a déclaré insaisissable une portion de leurs appointements (1). Mais il faut convenir qu'une pareille jurisprudence, tout équitable qu'elle soit, ne doit pas être approuvée,
car elle peut tomber facilement dans l'arbitraire.

III. — Pensions.

Autrefois, les pensions dues par l'État étaient insaisissables (2). — Aujourd'hui, depuis la loi du 9 juin 1853 sur
les pensions civiles, le principe de l'insaisissabilité absolue
de ces pensions n'existe plus. L'art. 26 de cette loi porte :
« Les pensions sont incessibles; aucune saisie ou retenue ne
» peut être opérée du vivant du pensionnaire que jusqu'à
» concurrence d'*un cinquième* pour débet envers l'État ou
» pour des créances privilégiées aux termes de l'art. 2101,
» C. civ., et d'*un tiers* dans les circonstances prévues par
» les art. 203, 205, 206, 207, 214, C. civ., c'est-à-dire
» pour la dette alimentaire de la famille. »

Il peut y avoir saisie simultanée du cinquième par l'État
et les créanciers de l'art. 2101, C. civ., d'une part, et du

(1) Toulouse, 18 janvier 1840 — Seine, 23 septembre 1859.
(2) Déclar. roy. du 7 janvier 1779.

tiers par les parents pour aliments, d'autre part ; de telle sorte que, dans ce cas, la portion insaisissable de la pension se trouverait réduite à 7/15.

Après le décès du pensionnaire, ses créanciers porteurs d'un titre ou d'une permission du juge peuvent former opposition sur les arrérages dus à ce pensionnaire au jour de son décès.

Les pensions des employés d'une administration publique, provenant de la retenue mensuelle faite sur leurs appointements, auraient pu, avant la loi de 1853, être considérées comme saisissables dans les mêmes proportions que les traitements ; c'est ce qui avait été jugé, particulièrement par la Cour de Liége (1). Depuis cette loi, il ne peut plus y avoir de difficultés à cet égard ; l'art. 26 s'applique à ces pensions, puisque presque toutes les caisses de retraite ont été supprimées par cette loi qui a centralisé au Trésor public les recettes et les dépenses relatives aux pensions.

— Les mêmes proportions de saisissabilité existaient à l'égard des pensions des militaires et des marins, depuis les lois du 11 avril 1831, art. 28, et 18 avril 1831, art. 30.

— Les pensions de la Légion d'honneur sont incessibles et insaisissables pour le tout (2), ainsi que la rente viagère de 100 fr. attachée à la médaille militaire (3).

— La retraite des invalides est insaisissable, même pour créances alimentaires, sauf aux créanciers à se pourvoir administrativement auprès du ministre.

— Les pensions accordées aux combattants de juillet 1830. — Celles qui sont allouées aux citoyens blessés ou

(1) Liége, 3 janvier 1813.
(2) Conseil d'État, 23 janvier et 12 février 1808.
(3) Décret du 29 février 1852.

aux familles des citoyens tués pour la défense de l'ordre en 1848, sont insaisissables.

— Le prix de location d'un bureau de tabac ne peut être saisi pour la totalité, les produits d'un bureau de tabac étant assimilables aux traitements ou pensions, et ayant un caractère essentiellement alimentaire (1).

— Les secours accordés par les ministres pour grêle, inondations, etc., ne peuvent être saisis que par les créanciers postérieurs à leur allocation.

— Enfin, aux termes de l'art. 5 de la loi du 18 juin 1850, sur la caisse de retraite pour la vieillesse, les rentes viagères servies aux déposants par cette caisse, sont incessibles et insaisissables jusqu'à concurrence de 360 fr.

IV. — Rentes sur l'État.

Ces créances à l'origine étaient saisissables. La loi du 24 août 1793, qui prescrivit la formation d'un grand livre où elles seraient inscrites, contient un titre (tit. XLIV) sur la manière de les saisir.

Mais aujourd'hui elles sont frappées d'une insaisissabilité absolue. La loi du 8 nivôse an VI, sur la formation du nouveau grand livre du tiers consolidé de la dette publique, porte, art. 4 : « Il ne sera plus, à l'avenir, reçu d'oppo-
» sition sur le tiers conservé de la dette publique inscrite ou
» à inscrire. Celles faites sont maintenues, mais le débiteur
» saisi pourra offrir de rembourser l'opposant jusqu'à con-
» currence avec ce tiers conservé, et le créancier qui refu-
» serait ce remboursement peut y être contraint, si mieux
» il n'aime donner mainlevée de l'opposition. Cependant

____

(1) Villefranche, 27 avril 1877. — *Contra*, Amiens, 27 novembre 1877.

» les comptables envers la République ne pourront, en
» aucun temps, disposer de leurs inscriptions avant l'apu-
» rement de leurs comptes, certifié par le bureau de comp-
» tabilité, si mieux ils n'aiment fournir caution. » Ainsi,
une seule opposition d'une nature spéciale était admise,
celle qui serait faite par l'agent du Trésor sur une rente
appartenant à un comptable dont les comptes ne sont pas
apurés.

La loi du 21 floréal an VII vint ensuite confirmer cette
insaisissabilité en indiquant que les arrérages de ces rentes
ne pouvaient pas plus être saisis que les rentes elles-mêmes.
Le préambule de cette loi fait connaître le motif de cette
insaisissabilité : « Il importait au crédit de l'État de faci-
» liter les transferts de la dette publique, en les dégageant
» des formalités qui tendent à déprimer cette propriété, et
» il était utile d'adopter ce qui était commandé par l'intérêt
» général comme par le plus grand avantage des rentiers. »

L'opposition à transfert ne serait pas plus reçue que la
saisie-arrêt, puisqu'elle empêcherait la circulation des
rentes. Une opposition à transfert ne pourrait être faite que
par le propriétaire de la rente perdue ou volée.

L'insaisissabilité des rentes sur l'État est tellement
absolue, qu'elle rend nulle la saisie, même pour des créances
alimentaires. Il faut bien reconnaître qu'il y a là un abus.
Est-il équitable qu'un débiteur, même riche, puisse se
soustraire au payement de ses obligations les plus sacrées,
en mettant toute sa fortune en rentes sur l'État? Le principe
de l'insaisissabilité qui pouvait être nécessaire autrefois
pour fonder le crédit de l'État et attirer les capitaux, n'a
plus de base aujourd'hui, alors que le crédit est établi et
qu'on a la plus grande confiance dans les engagements de
l'État. En admettant même une certaine insaisissabilité,

doit-elle aller jusqu'à faire repousser toutes les oppositions sur les inscriptions de rentes, même celles du père, de la mère, des enfants et des ascendants pour cause d'aliments même celles de la femme ou de ses héritiers pour ses reprises et créances matrimoniales? Aussi certains tribunaux ont-ils pensé qu'on pouvait, sans inconvénient, s'écarter des dispositions de la loi de nivôse an VI et floréal an VII. C'est ainsi qu'un jugement du tribunal de la Seine a autorisé une femme séparée de biens à toucher directement, au nom de son mari, pourvu d'un conseil judiciaire, une portion d'une rente sur l'État dont il avait l'usufruit, pour l'employer au payement de la part contributive du mari dans les dépenses d'entretien et d'éducation des enfants communs. Mais ce jugement . est évidemment contraire à la loi; on peut seulement dire qu'il est équitable, et qu'il fait voir le besoin d'une nouvelle législation sur ce point (1).

Une autre conséquence de l'insaisissabilité absolue des rentes sur l'État, c'est que rien ne peut empêcher qu'après le décès du titulaire, la rente ne soit immatriculée au nom des héritiers. Peu importe que la succession ne soit que bénéficiaire, ou qu'il y ait séparation des patrimoines, que la succession ou l'héritier soit insolvable; les créanciers ne peuvent empêcher la rente de passer entre les mains de l'héritier. L'état de faillite du propriétaire de la rente ou de son héritier, bien qu'entraînant la déchéance de celui-ci, n'autorise pas les créanciers à faire mainmise sur la rente; le principe du dessaisissement du failli doit fléchir devant le principe de l'insaisissabilité des rentes sur l'État. L'arrêt de la Cour de cassation qui a décidé le contraire nous semble avoir oublié que l'insaisissabilité des rentes sur l'État,

(1) Seine, 1er mars 1860.

d'après la loi de l'an VI, a pour objet, non d'empêcher les poursuites des créanciers, mais uniquement de débarrasser la comptabilité nationale de difficultés incessantes et de faciliter à la fois le service des rentes et le transfert des titres (1).

Il est évident que les lois qui déclarent insaisissables les capitaux et rentes dus par l'État ne s'appliquent pas au cas où, après avoir été réalisés et perçus, ces capitaux et rentes se trouvent entre les mains des particuliers ou de leurs mandataires et sont entrés dans leur patrimoine. Est donc parfaitement valable la saisie-arrêt pratiquée entre les mains d'un individu sur des rentes dont il a touché le montant par procuration (2).

Pour les sommes inscrites sur les registres des *caisses d'épargne*, l'art. 11 de la loi du 8 juin 1835 a au contraire reconnu qu'elles étaient saisissables. L'opposition, en ce cas, frappant d'indisponibilité les sommes déposées, arrêterait la conversion en rentes sur l'État qui doit être faite lorsque les sommes déposées ont atteint un certain chiffre (3).

<h3 style="text-align:center">V. — CAUTIONNEMENTS.</h3>

D'après les lois des 25 ventôse an XI, 25 nivôse et 6 ventôse an XIII, les cautionnements des officiers ministériels et des comptables sont affectés : 1° par premier privilége, à la garantie des condamnations qui peuvent être prononcées contre eux par suite de l'exercice de leurs fonctions ; 2° par deuxième privilége, au remboursement des fonds qui leur

(1) Cass., 8 mars 1859. — *Contra*, 8 mai 1851.
(2) Paris, 30 juillet 1853.
(3) *Contra*, Seine, 8 avril 1859.

ont été prêtés pour tout ou partie de leurs cautionnements; 3° subsidiairement, au payement, dans l'ordre ordinaire, des créances particulières exigibles sur eux. — Lorsque, par suite de condamnations encourues pour cause de responsabilité n'entraînant pas destitution, ce cautionnement vient à être diminué ou distribué en entier aux créanciers, le comptable ou par analogie l'officier ministériel doit rétablir ou compléter le cautionnement dans les trois mois , à défaut de quoi il est suspendu provisoirement de ses fonctions; s'il ne remplit pas cette obligation dans le mois de la suspension, il est remplacé.

Les cautionnements sont saisissables, et même la saisie-arrêt est la seule voie pour les appréhender (1).

Pour les *créanciers de la première catégorie*, le droit de saisir le cautionnement du titulaire, capital et intérêts, et de s'en faire attribuer le montant avant son décès ou sa démission, a été maintes fois reconnu par l'autorité judiciaire (2).

Quant au *bailleur de fonds*, pour assurer son privilége, le titulaire doit faire en sa faveur, et dans la huitaine du versement du cautionnement, une déclaration notariée et l'inscrire au Trésor (3). La huitaine expirée, le bailleur de fonds est primé par les oppositions antérieures à la déclaration d'origine des deniers. Si cette déclaration n'est pas faite, il n'a de recours que comme les créanciers ordinaires et vient en concours avec eux. Cette formalité n'a d'ailleurs pour effet que d'attribuer au bailleur le privilége de deuxième ordre; néanmoins, les fonds cessent de lui appartenir, et ils peuvent être saisis, capital et intérêts, par les

(1) Cass., 11 juin 1811.
(2) Cass., 18 janvier 1851.
(3) Décret du 22 décembre 1812.

créanciers du titulaire (1). Il est évident que la saisie-arrêt faite par les créanciers personnels du bailleur ne peut avoir aucun effet tant que le titulaire est en fonctions, du moins sur le capital, puisque le cautionnement est précisément affecté à la garantie des créanciers privilégiés qui peuvent saisir pour faits de charge du titulaire. Mais serait valable, croyons-nous, la saisie-arrêt pratiquée par ces créanciers postérieurement à la cessation des fonctions du titulaire, et ils auraient le droit de faire verser entre leurs mains, par le Trésor, les fonds du cautionnement de leur débiteur, sauf l'exercice des droits des créanciers privilégiés de ce titulaire.

Les *créanciers ordinaires* d'un titulaire ou d'un comptable, peuvent certainement faire opposition sur les *intérêts* du cautionnement, mais nous pensons qu'ils peuvent aussi, alors même que leur débiteur est encore en fonctions, saisir le *capital* et se le faire attribuer. — On a prétendu le contraire, en alléguant que le cautionnement n'a pas été établi en leur faveur et que cette mesure pouvait amener la destitution du titulaire, etc., mais la loi de ventôse an XIII, s'est bornée simplement à tracer l'ordre dans lequel les créanciers des titulaires et comptables doivent venir sur les cautionnements; elle n'a jamais entendu dire que les créanciers ordinaires ne pourraient saisir les sommes qui les composent. Aucun article de loi ne déclarant les cautionnements insaisissables par ces créanciers plutôt que par les autres, l'art. 557, C. proc., est applicable. Les deux premières catégories de créanciers n'ont du reste rien à craindre, puisque rien ne peut être payé au préjudice de leurs priviléges (2).

---

(1) Cass., 17 juillet 1819 — Ronen, 13 janvier 1855.
(2) Debelleymes — Roger — Bioche. — *Contra :* Persil — Chauveau.

En tous cas, quelle que soit l'opinion que l'on adopte, il faut observer que, selon la jurisprudence, on ne pourrait déclarer l'opposition nulle; seulement les effets en seraient réservés jusqu'à la cessation des fonctions du titulaire, même avant cette cessation ils sont en droit de faire tous les actes conservatoires nécessaires pour la sûreté de leurs droits (1).

La loi du 25 nivôse an XIII (art. 5 et 6), porte que, lorsque les fonctions du titulaire viennent à cesser, par quelque cause que ce soit, lui ou ses héritiers sont obligés, avant de demander le remboursement du cautionnement au Trésor, de déclarer la cessation des fonctions au greffe du tribunal civil ou du tribunal de commerce. Les oppositions y sont reçues pendant trois mois; même après ce délai, l'opposition formée entre les mains du Trésor est valable, tant que le remboursement du cautionnement n'a pas été effectué.

Aux termes de l'art. 16 de la loi du 9 juillet 1836, le montant des cautionnements, dont le remboursement n'aura pas été effectué par le Trésor public, faute de production ou de justifications suffisantes dans le délai d'un an, à compter de la cessation des fonctions du titulaire, pourra être versé à la Caisse des dépôts et consignations, en capital et intérêts, à la conservation des droits de qui il appartiendra. — Ce versement libérera définitivement le Trésor public. « Les
» créanciers opposants, dit M. Dumesnil, ayant le plus
» grand intérêt à faire verser le cautionnement à la Caisse
» des consignations, pour éviter la prescription quinquen-
» nale qui atteindrait les arrérages, devront donc mettre
» le Trésor en demeure d'effectuer cette consignation (2). »

(1) Bordeaux, 18 avril 1833 — Bourges, 14 juillet 1851.
(2) *Trésor public*, n° 186.

§ 3. — *Objets divers.*

Sont également insaisissables : — les *taxes des témoins,* les *indemnités dues aux jurés* et les *frais de justice urgents* qui doivent se payer de suite (art. 2 du décret du 13 pluviôse an XIII, et 26 de l'ordonnance du 18 septembre 1833); — le *tiers du travail des détenus* qui leur est remis à leur sortie (décision ministérielle du 7 janvier 1816, et circulaire du 13 du même mois); — les *lettres confiées à la poste* (décrets des 10 avril 1790, et 10 janvier 1791), même lorsqu'elles contiennent des valeurs déclarées (1). Mais les articles d'argent ou les valeurs cotées confiées à cette administration, peuvent être saisis-arrêtés.

— Un édit de septembre 1453 déclare insaisissables les *bestiaux destinés à l'approvisionnement de Paris,* mais le prix de leur vente peut être frappé de saisie-arrêt, aux termes d'un arrêté du Ministre de l'intérieur, du 19 ventôse an IV.

— Aux termes de l'art. 9 de la loi du 18 mai 1840, aucune opposition ne peut plus être faite sur l'*indemnité de Saint-Domingue.*

— Les *revenus des majorats* sont insaisissables (art. 51 du décret du 1er mars 1808, sauf pour les dettes indiquées aux art. 2101 et 2103, §§ 4 et 5, C. civ.).

— Les *dépens* dont les avoués ont obtenu la distraction, aux termes de l'art. 133, C. proc., sont insaisissables; les créanciers des clients d'un avoué, par exemple, ne pourraient saisir-arrêter ces dépens entre les mains de la partie qui a été condamnée à les payer (2).

---

(1) Conseil d'État, 13 mars 1874.
(2) Poitiers, 20 mai 1846.

— La loi du 24 germinal an XI (art. 33), défend également de saisir les *sommes versées en compte courant dans les banques autorisées*. La base de cette insaisissabilité étant de débarrasser l'administration des entraves qu'occasionnerait la saisie-arrêt, il faut l'étendre aux sommes qui figurent dans le compte courant d'un fonctionnaire ou comptable public avec une administration publique, tel qu'un receveur général des finances. Les droits des créanciers, en ce dernier cas, se bornent à saisir le solde que doit l'administration, après l'apurement du compte.

Ce n'est aussi qu'après l'apurement du compte, qu'on peut saisir-arrêter entre les mains de l'une ou de l'autre de deux personnes (par exemple de deux commerçants), qui ont un compte courant entre elles (1). En effet, tant que le compte n'est pas arrêté, la créance n'est ni certaine, ni liquide, ni susceptible de l'être à cause de la convention. — Il en est de même pour les crédits ouverts par une personne à une autre (2), à moins que le créditeur n'ait reçu du crédité une provision, auquel cas on pourrait arrêter les sommes formant cette provision.

ART. II. — PROVISIONS ALIMENTAIRES ADJUGÉES PAR JUSTICE.

Les provisions alimentaires adjugées par justice sont insaisissables (581, C. proc.). La loi a voulu empêcher qu'elles ne fussent détournées de leur destination. L'art. 582 les déclare saisissables seulement pour cause d'aliments, c'est-à-dire par les créanciers qui ont fourni des aliments.

Il ne s'agit ici que des provisions alimentaires *adjugées*

(1) Paris, 27 janvier 1855.
(2) Bourges, 29 janvier 1872.

par justice. Les provisions alimentaires réglées à l'amiable doivent être considérées comme *sommes données pour aliments* dont parle le § 4 de l'art. 581, et que l'art. 582 laisse saisissables pour partie. Sans cela il eût été trop facile aux débiteurs de mettre, sous ce prétexte, tous leurs biens à l'abri de leurs créanciers.

Il importe de distinguer la *provision* alimentaire de la *pension* alimentaire adjugée par justice. En général, la pension est définitive et permanente, tandis que la provision n'est que temporaire. Les pensions alimentaires adjugées par justice doivent donc être assimilées, non aux provisions alimentaires, mais bien aux pensions établies par donation ou testament; elles sont saisissables par tous créanciers postérieurs, etc. (1). Toutefois, quand elles ont le caractère provisoire des provisions, alors elles participent à leur insaisissabilité (par exemple, au cas de séparation de corps).

Les provisions alimentaires peuvent être saisies indistinctement par les créanciers qui ont fourni des aliments *avant ou depuis* le jugement qui a adjugé les provisions. On ne distingue pas ici entre les créanciers antérieurs et postérieurs au jugement, et il n'y a pas besoin de permission ni d'évaluation du juge (2). Le projet du Code n'accordait le droit de saisie qu'aux créanciers postérieurs, mais cette proposition disparut à cause de la faveur que l'on doit aux créanciers d'aliments. Il en était déjà ainsi dans l'ancien droit.

On entend par aliments pour lesquels la provision alimentaire peut être saisie ce qui est nécessaire à la vie, le *vêtement*, le *logement*, les *visites* et *pansements du*

(1) Rouen, 9 avril 1850.
(2) Req., 18 janvier 1875.

médecin ainsi que les *médicaments*, etc. — La provision alimentaire servant non-seulement à celui qui l'a obtenue, mais aussi à sa famille qui vit avec lui, peut être saisie pour cause d'aliments fournis non-seulement au débiteur, mais encore à sa famille.

On pense généralement que la perte du privilége par l'expiration du délai de six mois ou un an (2101, C. civ.) fait perdre au fourrisseur le droit de saisir.

Celui qui a droit à des aliments contre la personne qui a une provision alimentaire, n'est pas considéré comme un créancier pour cause d'aliments. La provision n'est accordée que dans la mesure des besoins de celui qui l'obtient, et ne peut servir à payer que la dépense nécessaire à sa vie. — L'avoué qui avance les frais pour celui qui obtient la provision, peut saisir pour se faire rembourser sur cette provision; car les frais occasionnés pour obtenir une pension alimentaire ont en réalité pour cause des aliments, puisque, sans ces frais, les aliments n'auraient pas été accordés. On peut encore tirer un autre argument des art. 2101-1° et 2102-3°, C. civ. (1).

Si le débiteur mourait avant d'avoir touché la provision alimentaire à lui adjugée, cette provision cesserait d'être insaisissable.

Les sommes accordées à une veuve pour son année de deuil ont le caractère de provision alimentaire, et sont par suite insaisissables (2).

ART. III.— SOMMES OU OBJETS DONNÉS OU LÉGUÉS AVEC CONDITION D'INSAISISSABILITÉ.

La condition d'insaisissabilité que peut imposer le dona-

---

(1) Bioche — Dalloz; — *Contra :* Roger — Paris, 8 juillet 1836.
(2) Toulouse, 20 juillet 1822.

teur ou le testateur à la libéralité est parfaitement valable;
mais cette insaisissabilité n'a d'effet qu'à l'égard des créanciers du donataire antérieurs à la donation, car ils ne pouvaient pas compter sur cette donation pour leur payement.
Quant aux créanciers postérieurs, la clause d'insaisissabilité
aura cet effet à leur égard, qu'ils ne pourront saisir qu'en
vertu de la permission du juge et pour la portion qu'il
déterminera (582, C. proc.). En déclarant l'insaisissabilité,
le législateur a voulu, en effet, qu'une partie de la donation
restât toujours entre les mains du donataire pour subvenir
à ses besoins.

La condition d'insaisissabilité est valable pourvu qu'elle
porte sur des objets disponibles. La réserve ne peut être
frappée d'insaisissabilité par un testateur, parce que, en
réalité, c'est la loi et non le testateur qui l'attribue à celui
qui la reçoit.

Mais, si les provisions alimentaires, comme nous l'avons
dit, peuvent être saisies sans autorisation pour cause d'aliments, il doit en être de même des sommes données ou
léguées sous condition d'insaisissabilité, et même il résulte
des travaux préparatoires et d'un discours du tribun Favard
que, pour cette cause, il n'y a pas à distinguer entre les
créanciers antérieurs et les créanciers postérieurs à la
donation (1).

Il est bien évident que la clause d'insaisissabilité n'existe
qu'en faveur du donataire et ne pourrait être invoquée par
ses successeurs après son décès.

Art. IV. — Sommes et pensions données et léguées pour aliments.

Le Code déclare ces sommes insaisissables, encore que le

______

(1) Liége, 14 août 1856.

testament ou l'acte de donation ne les déclare pas insaisissables. C'est ce qui était déjà décidé dans l'ancien droit.

La question de savoir si une somme ou une pension a été donnée ou léguée à titre d'aliments est laissée à l'appréciation des tribunaux. Le donateur n'a pas besoin, du reste, de se servir pour l'indiquer de termes sacramentels. Une rente viagère est généralement laissée ou constituée à titre gratuit, comme pension alimentaire. Cependant, si rien ne prouve que le testateur ait voulu la frapper d'insaisissabilité, l'arrêt qui déclarerait qu'elle n'a pas été constituée à titre alimentaire ne pourrait donner ouverture à cassation. Il est bien certain d'ailleurs qu'une rente viagère, constituée à titre onéreux, est saisissable, même pour le capital (1981, C. civ.).

L'insaisissabilité des pensions alimentaires s'entend non-seulement des arrérages à échoir, mais encore des arrérages échus. La Cour de cassation a rejeté la prétention de ceux qui pensaient que les arrérages échus ne pouvaient être considérés comme destinés aux besoins du titulaire en vertu de la règle : *Nemo vivit in præteritum* (1). — Mais les arrérages d'une rente alimentaire non payés avant le décès du rentier sont saisissables sur ses héritiers ou ayants cause.

La clause d'insaisissabilité ne peut frapper la réserve légale, pour le motif que nous avons indiqué *supra*.

L'art. 582, C. proc., nous apprend que cette insaisissabilité peut cesser pour partie, avec la permission du juge. Si donc la valeur d'un usufruit donné ou légué à titre alimentaire vient à augmenter ou à diminuer après qu'un jugement a déterminé la portion qui peut être saisie chaque année, ce ne serait pas aller contre l'autorité de la chose

(1) Cass., 27 avril 1824.

jugée que de porter une nouvelle demande devant le tribunal pour faire abaisser ou augmenter la portion saisissable ; car la cause de réduction ou d'augmentation sera plus forte, et par cela même *autre* que celle qui avait fait introduire la première demande (1351, C. civ.) (1).

Les créanciers, pour quelque cause que ce soit, postérieurs à la donation, peuvent saisir les dons et legs alimentaires avec la permission du juge qui déterminera la portion saisissable en se basant sur les besoins du débiteur, à qui une portion de la somme et même la somme entière peut être nécessaire pour vivre (582, C. proc.). Si le débiteur a d'autres biens qui le font vivre et que la somme donnée à titre alimentaire lui soit superflue, la Cour de cassation a décidé qu'on ne peut néanmoins en saisir qu'une portion : « Attendu que les
» art. 581 et 582, C. proc., dans les cas d'exception y men-
» tionnés, n'autorisent que pour une portion, même avec
» permission du juge, la saisie des pensions ou rentes via-
» gères et alimentaires, ce qui est conforme à la nature des
» choses, à la justice, à l'humanité, et qu'en autorisant in-
» définiment la saisie ou retenue par compensation de la
» totalité des pensions et rentes stipulées par la testatrice,
» alimentaires et insaisissables, l'arrêt a violé les articles
» précités, casse... (2). » Il nous semble que c'est interpréter un peu judaïquement la lettre de la loi.

Le juge ne peut retirer l'autorisation donnée, mais il peut l'accorder après l'avoir refusée, l'accorder à un créancier et la refuser à un autre, l'accorder à plusieurs créanciers sur la même portion. Dans ce dernier cas, ces créanciers se partageront cette portion par contribution. — Le juge peut

(1) Cass., 15 février 1825.
(2) Cass., 18 avril 1836.

aussi accorder l'autorisation sur des parties différentes;
alors le créancier qui est autorisé sur la portion la plus forte
prend seul la somme qui excède la portion pour laquelle les
autres sont autorisés, et vient en concurrence avec eux sur
celle-ci.

L'ordonnance du président qui autorise ou refuse la saisie
est un acte de juridiction gracieux, qui n'est susceptible ni
d'opposition ni d'appel : seulement le tribunal qui jugera
sur le mérite définitif de la saisie, pourra fixer la portion
déterminée provisoirement à un taux plus ou moins élevé.

TITRE DEUXIÈME.

Formes, procédure et jugement de la Saisie-Arrêt.

—

CHAPITRE PREMIER.

Procédure de la Saisie-Arrêt.

—

SECTION I.

DE L'EXPLOIT.

—

ART. I. — GÉNÉRALITÉS.

L'exploit de saisie-arrêt est assujetti à certaines formes particulières qui, du reste, n'excluent les formalités ordinaires des exploits que s'il y a incompatibilité entre elles. Ainsi, l'art. 60, C. proc., est évidemment incompatible avec la règle que trace l'art. 560 pour l'exploit de saisie-arrêt signifié à un tiers demeurant hors de France.

L'exploit de saisie-arrêt ne constituant pas une action judiciaire, mais seulement un acte conservatoire, peut être signifié, croyons-nous, à la requête d'un incapable et sans autorisation préalable. Ainsi, une femme mariée non autorisée, un mineur, un receveur d'une commune ou d'un établissement public, un percepteur, un maire, etc., peuvent lancer cet exploit (1). — M. Chauveau, toutefois, fait une distinction : il décide la question affirmativement à l'égard des personnes morales qui, bien qu'elles ne puissent ester en justice sans autorisation, sont cependant en droit, dit-il, capables de faire des actes conservatoires comme l'art. 15 de la loi du 18 juillet 1837 le permet aux réprésentants légaux des communes. Mais il se décide pour la négative en ce qui concerne les incapables proprement dits; les art. 557 et 558, C. proc., laissent, à son avis, subsister les règles de l'incapacité.

Quoi qu'il en soit, dès qu'il s'agira d'aller plus avant, c'est-à-dire d'assigner en validité, il faudra que l'assignation soit donnée dans les formes et avec les conditions voulues pour ester en jugement. — Mais comme il est matériellement impossible aux administrations d'obtenir dans la huitaine l'autorisation du Conseil de préfecture à l'effet de plaider, le Ministre de l'intérieur a écrit dans ces termes à un préfet qui le consultait sur cette difficulté :

« ... L'administration doit, dans la huitaine, conformément à
» l'art. 563, C. proc., dénoncer l'opposition et assigner en vali-
» dité; et il n'est pas nécessaire pour cela d'une autorisation
» préalable, puisque l'administration ne comparaît pas
» encore devant le tribunal et qu'il suffit qu'elle présente
» l'autorisation à l'audience. A l'appel de la cause, l'avoué
» de l'établissement demandera au tribunal un délai néces-
» saire pour que l'autorisation de suivre l'instance puisse
» être obtenue; et pendant ce délai q'ne saurait être
» refusé, l'administration fera ses diligences remplira les
» formalités prescrites à l'effet de se faire autoriser. Les
» délais de la mise au rôle seront plus que suffisants pour

(1) Roger — Bioche — Dalloz. — *Contra*, Chauveau.

» que le Conseil de préfecture ait pu prononcer. Cette
» marche dans l'usage est constamment suivie pour les
» personnes en puissance d'autrui... »

Les formalités prescrites par l'art. 559, C. proc., sont
exigées à peine de nullité. Cette nullité peut être invoquée
par le saisi lorsqu'il s'agit de formalités intrinsèques prescrites en sa faveur ; mais elle ne peut l'être par lui lorsqu'elle
ne résulte que de l'inobservation d'une formalité prescrite
dans l'intérêt personnel du tiers saisi, et que celui-ci
n'invoque pas la nullité (1). Ainsi lorsque l'exploit a été
signifié, non au domicile du tiers saisi, mais au domicile de
son mandataire, la saisie-arrêt sera déclarée valable si le
tiers saisi ne critique pas la remise de l'exploit, et alors le
saisi ne saurait en invoquer la nullité ; il est sans intérêt.
Quant au tiers saisi qui aurait payé nonobstant la saisie, il
peut invoquer les nullités résultant de l'inobservation des
formalités intrinsèques, parce qu'il a intérêt alors à faire
déclarer nulle la saisie ; mais s'il n'a pas payé, il n'a aucun
intérêt à faire tomber la saisie pour inobservation de formalités
que le saisi seul peut invoquer, et qu'il n'invoque pas, par
exemple si la saisie a été faite sans titre valable. Alors l'exception de nullité que le tiers saisi opposerait serait repoussée.

ART. II. — FORMES DE L'EXPLOIT DE SAISIE-ARRÊT.

Art. 559 : « Tout exploit de saisie-arrêt ou opposition
» fait en vertu d'un titre contiendra l'énonciation du titre
» et de la somme pour laquelle elle est faite ; si l'exploit est
» fait en vertu de la permission du juge, l'ordonnance énon-
» cera la somme pour laquelle la saisie-arrêt ou opposition

____

(1) Chambéry, 20 janvier 1874.

» est faite, et il sera donné copie de l'ordonnance en tête
» de l'exploit. — Si la créance pour laquelle on demande
» la permission de saisir-arrêter n'est pas liquide, l'éva-
» luation provisoire en sera faite par le juge. — L'exploit
» contiendra aussi élection de domicile dans le lieu où de-
» meure le tiers saisi, si le saisissant n'y demeure pas; le
» tout à peine de nullité. »

Art. 560 : « La saisie-arrêt ou opposition entre les
» mains de personnes non demeurant en France, sur le
» continent, ne pourra point être faite au domicile des pro-
» cureurs du roi ; elle devra être signifiée à personne ou à
» domicile. »

D'après ces articles, les formalités de l'exploit de saisie-
arrêt ont trait : — à l'*énonciation du titre*, — à l'*énonciation de la somme* pour laquelle on saisit, — à l'*élection
de domicile*, — et à la *remise de l'exploit.*

I. — *Énonciation du titre*. — La loi n'exige pas que
l'exploit de saisie-arrêt soit précédé d'une sommation ou
d'un commandement fait au débiteur. Cela tient, comme
nous l'avons dit, à ce que la saisie-arrêt n'est pas complète-
ment une voie d'exécution, et ne devient telle que par l'instance en validité.

La loi n'exige pas non plus que l'exploit signifié au tiers
saisi contienne la copie du titre, elle n'en demande que
l'énonciation. Elle eût mieux fait d'exiger cette copie; elle
eût ainsi évité d'abord la contradiction où elle tombe en
exigeant la copie de l'ordonnance du président, qui permet
de saisir lorsqu'il n'y a pas de titre; ensuite elle eût mis fin
aux chicanes qui s'élèvent sur l'énonciation du titre (1).
— Que doit-on entendre par énonciation du titre? Faut-il

(1) Pigeau, p. 181 et suir.

indiquer sa qualité, sa nature, sa date, le nom de celui qui a reçu l'acte, etc.? Autant de difficultés, qui font qu'en pratique on donne généralement copie du titre comme de l'ordonnance du président.

II. — *Énonciation de la somme pour laquelle on saisit.* — Cette énonciation est indispensable; il faut, en effet, que le débiteur sache ce qu'il doit offrir pour obtenir mainlevée de la saisie.

— Il n'est pas toujours besoin d'indiquer le chiffre de la somme. Ainsi, un rentier qui pratique une saisie-arrêt pour arriver au payement des termes arriérés, pourra n'indiquer que le montant des arrérages qui lui sont dus. — De même l'énonciation de la somme ne signifie point une énonciation *numérique* et *monétaire;* l'énonciation, comme la liquidité, peut n'être faite qu'en *espèces* (grains, liqueurs, etc.). Il suffira d'énoncer la quantité et la nature de ces objets pour que la saisie soit valable. Mais comme on ne peut, avons-nous vu, continuer les poursuites jusqu'à l'appréciation en numéraire des causes de la saisie (551, C. proc.), et que, d'autre part, la saisie doit être dénoncée dans la huitaine, à peine de nullité, il vaudra mieux faire liquider en numéraire, ou du moins faire évaluer provisoirement par le président avant de saisir-arrêter.

La loi exige deux choses : énonciation du titre ou copie de l'ordonnance, — énonciation de la somme. C'est que la première mention seule peut ne pas faire connaître les causes de la saisie, et que d'un autre côté le saisissant prétend peut-être saisir pour des valeurs moindres que celles qui sont indiquées par son titre ou par le permis de saisir. Toutefois, si le permis de saisir indique la somme pour laquelle on peut saisir, et que le saisissant fasse ensuite connaître qu'il saisit pour tout ce qui est porté dans l'acte, le saisi ne pourrait demander la nullité de la saisie sous prétexte que l'énonciation des causes de la saisie n'est pas faite séparément.

Lorsque la saisie est fondée sur un titre, mais qu'il faut aussi une ordonnance du président pour évaluation provisoire, il n'est pas besoin de donner copie de cette ordonnance, il suffit d'en faire l'énonciation. En effet, l'art. 559 n'exige que la copie de l'ordonnance qui permet de saisir.

Il est hors de doute que l'exploit doive également indiquer celui sur qui la saisie est pratiquée, afin que le tiers saisi soit renseigné d'une façon précise.

III. — *Élection de domicile.* — L'ancien droit n'exigeait pas l'élection de domicile dans les exploits de saisie-arrêt (1).

Aujourd'hui, l'élection de domicile est exigée à peine de nullité. Elle doit être faite lors même que le titre en vertu duquel la saisie est faite contiendrait élection de domicile pour son exécution.

« Cette élection, dit Pigeau, est exigée dans l'intérêt du
» saisi et dans celui du tiers saisi. Dans l'intérêt du saisi,
» afin que, s'il veut faire des significations au saisissant
» (comme une demande en mainlevée, avant qu'on lui
» dénonce la saisie), des offres réelles, un appel, et qu'il
» lui soit plus commode de faire ces significations au domi-
» cile élu qu'au domicile réel du saisissant, il puisse faire
» faire ces significations à ce domicile par argument de
» l'art. 584, C. proc., le motif s'appliquant ici, l'article est
» applicable; dans l'intérêt du tiers saisi, afin qu'il ne soit
» pas obligé d'aller chercher le saisissant pour les significa-
» tions extrajudiciaires qu'il pourrait avoir à lui faire (2). »

(1) Pothier, *Procédure*, t. I, art. 4.
(2) Pigeau, *Procédure du Châtelet*, t. I, p. 652.

La nullité résultant du défaut d'élection de domicile dans le lieu où demeure le tiers saisi peut donc être invoquée, non-seulement par le saisi, mais aussi par le tiers saisi. Elle peut l'être aussi par le cessionnaire de la créance saisie-arrêtée dont la cession est postérieure à l'opposition.

Il résulte des travaux préparatoires et surtout des observations des Cours de Rennes et d'Agen sur le Code de procédure, que le mot *lieu*, employé dans l'art. 559 pour l'élection de domicile, signifie la *commune* où demeure le tiers saisi. C'est par oubli qu'on n'a pas changé ce mot lieu en celui de commune.

Le saisissant, même au cas d'élection de domicile, doit indiquer son domicile réel dans l'exploit de saisie-arrêt.

IV. — *Remise de l'exploit de saisie-arrêt.* — Les règles ordinaires de la remise des exploits sont applicables à la saisie-arrêt, sauf lorsque le tiers saisi habite hors de la France continentale. L'art. 560 veut, en effet, contrairement à la disposition du § 9 de l'art. 69, C. proc., que la saisie-arrêt entre les mains des personnes non demeurant en France sur le continent leur soit signifiée à personne ou à domicile. Cet article a mis fin aux controverses que soulevait cette question avant le Code (1). Le tiers saisi, en effet, peut payer entre les mains du saisi tant qu'il ne connaît pas la saisie; il importe donc que l'exploit soit remis à lui-même ou à son domicile pour qu'il en ait connaissance et qu'il ne soit pas exposé à payer deux fois. Le tiers saisi n'est pas comme un assigné qui ne peut souffrir aucun préjudice tant que le procureur ne lui a pas fait passer l'assignation dans les délais, quelque longs qu'ils soient. Mais remarquons, et cela résulte des travaux préparatoires, que

(1) Pigeau, t. II, p. 52.

l'exploit serait remis valablement au domicile du tiers saisi en France, bien que ce tiers saisi résidât momentanément à l'étranger. De même, la saisie serait valable si elle était signifiée à la personne du tiers saisi en France, quoiqu'il eût son domicile à l'étranger, sauf, bien entendu, les délais nécessaires à ce tiers saisi pour faire défense au caissier, par exemple, qu'il a laissé à son domicile à l'étranger, de payer entre les mains du saisi.

L'art. 560 n'ajoute pas : *A peine de nullité.* Il n'a pour but que d'assurer au tiers saisi la connaissance de la saisie. Si donc celui-ci déclare connaître la saisie, bien que les formalités de l'art. 560 n'aient point été strictement observées, il pourra refuser de payer au saisi ce qu'il doit. Il ne s'agit pas, en effet, ici d'une formalité intrinsèque de la saisie prescrite à peine de nullité par l'art. 559 et que le saisi peut invoquer, nonobstant le silence du tiers saisi. Nous supposons qu'il y a eu réellement exploit de saisie lancé par le saisissant et que le tiers saisi peut en certifier l'existence.

L'exploit, si la saisie-arrêt est faite hors de France, devra certainement contenir les formalités exigées à peine de nullité par l'art. 559; il devra aussi être conforme à l'art. 560, mais il sera revêtu des formes extérieures du pays où il sera fait. On applique ici la règle : *Locus regit actum.* Ce n'est que dans l'intérêt du tiers saisi que la loi exige ces formalités extérieures de l'acte.

Si le domicile du tiers saisi est inconnu, on suivra la marche indiquée par l'art. 69, § 8, C. proc. : l'exploit sera affiché à la principale porte de l'auditoire du tribunal qui devra connaître de la validité de la saisie-arrêt.

L'art. 173 de l'ordonnance de Blois voulait que l'huissier mentionnât l'heure de la remise de l'exploit. Les lois des 14-19 février 1792 et 30 mai-1er juin 1793 l'exigeaient aussi pour les saisies faites au Trésor public. Cette mention est de la plus grande utilité en cas de concurrence entre plusieurs saisissants ou cessionnaires ; néanmoins, elle n'est exigée ni par le Code de procédure, ni par le décret du 18 août 1807 qui a refondu la législation sur les saisies-arrêts, ès mains des fonctionnaires publics.

ART. III. — OBLIGATION IMPOSÉE AUX HUISSIERS PAR L'ART. 562 (C. PROC.).

Art. 562 : « L'huissier qui aura signé la saisie-arrêt sera
» tenu, s'il en est requis, de justifier de l'existence du sai-
» sissant à l'époque où le pouvoir de saisir a été donné,
» à peine d'interdiction et de dommages et intérêts des
» parties. »

Observons d'abord que le choix de l'officier ministériel appartient à la partie, pourvu qu'elle l'exerce parmi les huissiers de l'arrondissement. Le président ne peut donc, en autorisant la saisie, imposer la condition que les significations seront faites par l'huissier le plus rapproché de la personne à qui la copie est destinée, ou par un huissier commis.

L'art. 562 a pour effet de réprimer l'abus qui pourrait se produire si des saisies-arrêts étaient faites par méchanceté ou mauvaise foi, à la requête de créanciers inconnus.

Dans les travaux préparatoires, il se produisit une vive discussion à ce sujet par suite des observations des Cours de Rennes, d'Agen, d'Angers et d'Orléans. Les unes voulaient que l'huissier eût un pouvoir spécial dont il donnerait copie en tête de l'exploit ; les autres et particulièrement la Cour de Rennes, pleine de sollicitude pour les huissiers, prétendaient qu'il était impossible souvent que l'huissier

justifiât de l'existence du saisissant (1) : « Si par exemple,
» disait cette Cour, le saisissant, après avoir envoyé les
» pièces, mourait dans un lieu éloigné du domicile de l'huis-
» sier, celui-ci serait-il interdit et passible de dommages
» et intérêts? » Enfin, il y eut partage lorsqu'on alla aux
voix dans la section du Tribunat pour savoir si on rejet-
terait ou si l'on adopterait l'article. On finit par l'adopter
en ce sens que l'huissier devrait justifier de l'existence du
saisissant à l'époque où la commission lui aurait été donnée
ou envoyée. Quoi qu'il en soit, il ne faut pas prendre à la
lettre l'art. 562, et les juges, en l'appliquant, devront
apprécier la bonne foi de l'huissier. Il est certain du reste
qu'un pouvoir spécial n'est pas exigé pour requérir la saisie.
La simple remise des pièces faites à l'huissier vaut pouvoir
de saisir-arrêter. Si même la saisie est requise par un mandataire, l'huissier n'est tenu de justifier que du mandat et
de l'existence du mandataire; il remplira ainsi suffisamment
le vœu de la loi.

L'huissier qui ne connaît pas celui qui le charge de saisir-
arrêter doit, par argument de l'art. 11 de la loi du 25 ventôse an XI sur le notariat, se faire attester son nom, son
état et sa demeure par deux citoyens français sachant signer,
et domiciliés dans l'arrondissement.

SECTION II.

DÉNONCIATION DE LA SAISIE ET ASSIGNATION EN VALIDITÉ. — CONTRE-DÉNONCIATION.

Art. I. — DÉNONCIATION AU SAISI ET ASSIGNATION EN VALIDITÉ.

Art. 563 : « Dans la huitaine de la saisie-arrêt, outre un

---

(1) Observations de la Cour de Rennes, p. 1.

» jour par *trois* myriamètres de distance entre le domicile
» du tiers saisi et celui du saisissant, et un jour par
» *trois* myriamètres de distance entre le domicile de ce
» dernier et celui du débiteur saisi, le saisissant sera tenu
» de dénoncer la saisie-arrêt ou opposition au débiteur saisi
» et de l'assigner en validité. » — (Il faut aujourd'hui non
plus *trois*, mais *cinq* myriamètres; loi du 3 mai 1862,
nouvel art. 1033, C. proc.).

Cet article a fait disparaître les abus de l'ancienne législation. La loi n'a pas voulu que le débiteur saisi, se présentant à l'échéance pour obtenir son payement, fût arrêté dans le droit de l'exiger par une saisie-arrêt pratiquée depuis longtemps, sans que le saisissant lui en eût donné connaissance, et sans qu'on l'eût mis en mesure d'en démontrer le peu de vérité.

I. — *Dénonciation de la saisie-arrêt.* — La dénonciation est de même que l'exploit soumise aux formalités communes à tous les exploits. Il semble qu'elle devrait aussi contenir les formalités exigées pour l'exploit à peine de nullité par l'art. 559; mais la jurisprudence tend à établir le contraire, par le motif que l'art. 563 n'exige pas ces formalités à peine de nullité (1). Nous pensons qu'il faut reproduire la partie de l'exploit où figurent les formalités intrinsèques dont l'inobservation entraîne en faveur du saisi la nullité de l'acte (par exemple, l'ordonnance du président); mais il ne serait pas nécessaire de donner copie des parties de l'acte de saisie dans lesquelles doivent figurer les formalités prescrites sous peine de nullité seulement en faveur du tiers saisi (2).

La loi accorde d'abord un délai général de huitaine pour

---

(1) Cass., 25 novembre 1839 — Douai, 13 mai 1853 — Limoges, 4 juin 1856.
(2) Dalloz — Roger.

faire la dénonciation. Ce délai ne part que du lendemain de la saisie-arrêt. Si l'exploit est remis au tiers saisi le 1er mars, par exemple, la dénonciation doit être faite le 9 au plus tard. L'art. 1033, C. proc., quand il dit que le jour de la signifi- cation et de l'échéance ne compte pas dans les assignations, et que le délai doit être augmenté d'un jour si le huitième est férié, ne s'applique point à notre cas (1).

Ce délai général est augmenté ensuite selon la distance; un jour par *cinq* myriamètres de distance : 1° entre le domicile du saisissant et celui du tiers saisi; 2e entre le domicile du saisissant et celui du saisi. Ce délai supplémen- taire est donc double. Il faut, en effet : 1° que l'original de l'exploit remis au tiers saisi soit renvoyé par l'huissier au saisissant pour qu'il soit certain que la saisie a été pratiquée; 2° que la dénonciation soit signifiée au saisi. Pour qu'il n'y eût que le seul délai de huitaine, il faudrait que saisissant, tiers saisi et saisi eussent leur domicile dans la même ville; mais non pas seulement qu'ils s'y trouvassent accidentel- lement, quoique, dans ce cas, les formalités pussent néanmoins être remplies comme s'ils avaient domicile dans le même lieu (2). — Quant aux fractions de myriamètre, il faut leur appliquer la disposition de l'art. 1033, C. proc. : « Les » fractions de moins de quatre myriamètres ne devront pas » compter; les fractions de quatre myriamètres et au- » dessus augmenteront le délai d'un jour entier. » — Pour calculer le délai, lorsque le tiers saisi ou le saisi demeurent hors de France, il faudra suivre la règle tracée par l'art. 73, C. proc., pour les ajournements.

C'est au saisi lui-même que la dénonciation doit être

(1) *Jurisprudence constante.*
(2) Cass., 21 février 1837.

faite. Elle doit l'être par le saisissant et non par le tiers saisi, qui peut cependant, mais sans que le saisissant puisse en profiter pour couvrir la nullité de sa dénonciation, faire connaître l'opposition au saisi lui-même, par exemple, en faisant des offres pour consigner.

En cas de décès du débiteur, la dénonciation doit être faite à tous ses héritiers et non seulement à un seul. Aucun d'eux ne représente les autres pour contester la créance ou la déclarer valable (1).

II. — *Assignation en validité.* — La demande en validité se fait ordinairement dans le même acte que la dénonciation ; cependant elle peut se faire par acte séparé, mais cet acte ne pourrait pas entrer en taxe. Elle doit être faite dans les mêmes délais.

L'exploit d'assignation en validité est soumis aux formalités des ajournements. Le créancier qui a pratiqué des saisies-arrêts entre les mains de plusieurs individus sur la même personne, doit demander la validité de ces saisies par un seul exploit, s'il assigne son débiteur pour le même jour à raison de toutes ; s'il fait plusieurs exploits, un seul doit être passé en taxe (2).

Art. 566 : « En aucun cas il ne sera nécessaire de faire » précéder la demande en validité par une citation en con- » ciliation. » Il en serait ainsi, quand même la demande en validité comprendrait une demande en reconnaissance de titre et en condamnation de la somme due, et que cette demande viendrait seule à être jugée, par suite de l'annulation de la saisie-arrêt (3). — Mais si l'assignation en validité est

(1) Cass., 16 février 1858.
(2) Bruxelles, 13 mai 1830.
(3) Cass., 17 juillet 1831 — Douai, 9 mai 1853.

dispensée du préliminaire de conciliation, elle ne peut toutefois servir d'occasion pour soustraire à ce préliminaire une demande principale qui y est soumise.

L'assignation devant un juge incompétent est valable comme assignation, si elle a été faite dans les délais. D'après l'art. 2246, C. civ., la citation en justice devant un juge incompétent interrompt la prescription. Il ne serait donc pas nécessaire de recommencer la saisie; elle reste valable. Il suffirait d'assigner de nouveau dans un délai de huitaine, à partir de la signification du jugement d'incompétence.

Lorsque le saisissant a un titre exécutoire, le jugement de validité se borne à statuer sur la régularité de la saisie et à ordonner au tiers saisi de *vider ses mains* en celles du saisissant. Mais si la saisie n'est formée qu'en vertu d'un titre privé ou de permission du juge, le saisissant doit conclure à condamnation, car c'est là le principal, et la disposition du jugement qui statue sur la régularité et la validité de la saisie n'est plus qu'un accessoire pour faciliter l'exécution de la condamnation. — Cette distinction indiquée par M. Thomine n'est guère faite aujourd'hui. La jurisprudence tend à admettre que la demande en validité de la saisie-arrêt contient implicitement la demande en payement de la somme pour laquelle elle est faite, soit que le chiffre de la créance résulte d'un titre, soit qu'il ait été fixé par ordonnance du juge. « Et ce point ne paraît pas sus-
» ceptible de contestation sérieuse, dit M. Dalloz; la de-
» mande en validité ne peut en effet être admise que si
» l'existence de la créance est reconnue; aussi, l'examen
» de l'un contient-il l'examen de l'autre (1). »

(1) Thomine, t. II, p. 72. — *Contra :* Paris, 3 avril 1873 — Dalloz, sur cet arrêt.

Art. II. — Contre-dénonciation de la demande en validité au tiers saisi.

Art. 564 : « Dans un pareil délai (c'est-à-dire huitaine),
» outre celui en raison des distances, à compter du jour de
» la demande en validité, cette demande sera dénoncée à la
» requête du saisissant au tiers saisi qui ne sera pas tenu
» de faire sa déclaration avant que cette dénonciation lui ait
» été faite. »

Les délais de cette dénonciation se calculent comme précédemment.

Les formes sont également les mêmes que celles de la dénonciation de la saisie. Dans la pratique, on donne copie entière de l'assignation en validité, quoique cela ne soit pas exigé à peine de nullité. Si la demande en validité n'a pas été faite le même jour que la dénonciation de saisie, ce n'est qu'à la date de la demande en validité que commence le délai de contre-dénonciation.

Art. III. — Conséquences du défaut d'assignation en validité et de contre-dénonciation.

I. — Art. 565 : « Faute de dénonciation en validité, la
» saisie sera nulle... » Cette nullité touche au fond et pourrait être proposée en tout état de cause et pour la première fois, en appel; dès lors, le payement fait par le tiers saisi serait valable (1). Elle a lieu de plein droit, et le tiers saisi peut être forcé de payer par le saisi, lors même

____

(1) Rennes, 29 avril 1816; 17 juin 1824 — Cass., 4 février 1834. — *Contra*, Carré.

que celui-ci n'apporterait pas la mainlevée de l'opposition. En cas d'assignation tardive, en vain le tiers saisi objecterait qu'il ne peut se constituer juge de la validité de la saisie et demanderait mainlevée pour payer; il doit bien savoir que le délai fixé par la loi est de rigueur, et on ne voit pas pourquoi il demanderait en un tel cas une mainlevée que la loi n'exige pas. Rien n'est plus facile du reste au tiers saisi que de savoir si les délais sont expirés; il a entre les mains l'exploit de saisie-arrêt, il n'a qu'à calculer si la huitaine et l'augmentation de délai prescrite par les art. 563 et 564 sont écoulés; ce calcul fait, l'art. 565 lui permet de payer si les délais sont expirés.

II. — Art. 564 : « ... Le tiers saisi ne sera tenu de faire » aucune déclaration avant que la dénonciation lui ait été » faite. »

Art. 565 : « ... Faute de dénonciation de la demande » en validité au tiers saisi, les payements par lui faits jusqu'à » la dénonciation seront valables. »

La loi devrait dire, suivant les observations de la Cour d'Agen : *Les payements faits après l'expiration des délais jusqu'à la dénonciation sont valables,* car il est évident que pendant les délais désignés, le tiers saisi ne peut payer.

La loi a pensé qu'une fois l'assignation en validité connue du tiers saisi, celui-ci n'était plus irréprochable s'il payait, mais il peut toujours consigner; garder une somme importante dont il paye de gros intérêts, serait pour lui très-embarrassant. La consignation est même nécessaire, d'après l'ordonnance du 3 juillet 1816, s'il y a plusieurs opposants et qu'ils ne s'entendent pas dans le délai d'un mois. Elle doit alors être faite dans la huitaine qui suit le mois. — De même pour les sommes provenant de ventes faites par les officiers publics, s'il y a des oppositions entre leurs mains. Il en était déjà ainsi dans l'ancien droit (1).

SECTION III.

MAINLEVÉE DE LA SAISIE-ARRÊT.

Le saisi qui veut obtenir le payement de ce qui lui est dû par le tiers saisi doit demander au saisissant la mainlevée de l'opposition. Cette demande se forme incidemment à l'instance en validité ou par action principale. Elle est dispensée du préliminaire de conciliation (49, C. proc.). — Nous parlerons d'ailleurs de la mainlevée à propos du jugement de la saisie-arrêt.

Disons quelques mots de la forme de la mainlevée et de la capacité nécessaire pour la donner.

Si l'exploit de saisie-arrêt peut être lancé par un incapable, la mainlevée, au contraire, ne peut être donnée que par un capable ou par la personne chargée de l'administration de ses biens, et avec les conditions exigées par la loi pour la validité des actes de son administration. — Pour la même raison, tel fonctionnaire qui a le droit de pratiquer une saisie-arrêt pour un établissement public peut se trouver incapable d'en donner mainlevée. Là-dessus, il faut consulter les statuts de chaque administration publique.

La mainlevée ne peut être donnée par acte sous seing privé. Le Trésor qui, autrefois, pouvait recevoir la mainlevée sous seing privé, ne le peut plus aujourd'hui. Aux termes d'une instruction ministérielle de 1845, la mainlevée doit être donnée par acte notarié, enregistré, légalisé, dans lequel l'objet de l'opposition est rappelé.

(1) Ordonn. de 1560, art. 91.

CHAPITRE DEUXIÈME.

Jugement sur la validité de la Saisie-Arrêt.

SECTION I.

TRIBUNAUX COMPÉTENTS.

Art. 567 : « La demande en validité et la demande en
» mainlevée formée par la partie saisie seront portées de-
» vant le tribunal du domicile de la partie saisie. »

Le tribunal du saisi est compétent; c'est la règle ordinaire (59, C. proc.) et qui avait été reconnue par la jurisprudence avant le Code de procédure (1). Conformément à
ce dernier article, nous ajoutons que, s'il y a plusieurs dé-
fendeurs, la demande devra être portée au domicile de l'un
d'eux, au choix du demandeur, et s'il y a domicile élu, elle
pourra l'être au tribunal de ce domicile.

— Le tribunal indiqué par l'art. 567, C. proc., est celui
du domicile de la partie saisie. Peut-on en conclure que
c'est le tribunal de commerce aussi bien que le tribunal civil?
Des arrêts ont décidé que le tribunal de commerce était
compétent pour connaître de la validité d'une saisie-arrêt
pratiquée en matière commerciale (2). Les uns l'admettent
purement et simplement; les autres dans le cas où le président du tribunal de commerce a ordonné la saisie; d'autres
enfin lorsque la demande en validité ou mainlevée est inci-

(1) Req., 7 messidor an V — 18 pluviôse an XI.
(2) Nîmes, 3 décembre 1812 — Aix, 6 janvier 1831 — Rouen, 11 janvier
1841.

dente à une demande principale ayant une cause commerciale. — Au contraire, la doctrine et la jurisprudence la plus récente admettent que le tribunal de commerce est incompétent pour statuer sur la demande en validité et en mainlevée (1).

Mais elles reconnaissent en même temps que le tribunal de commerce est compétent pour statuer sur le fondement de la créance si elle est commerciale, et qu'alors si le défendeur, dans l'instance en validité, conteste le mérite de la créance au fond, le tribunal civil devrait surseoir jusqu'à ce que le tribunal de commerce eût prononcé sur le point de savoir si le défendeur est débiteur ou non. Il est évident en effet que, sur le fond de la créance, les juges de commerce sont compétents, qu'on ne peut troubler l'ordre de juridiction ni priver le défendeur de ses juges naturels. — Cependant, si celui-ci accepte la compétence du tribunal civil sur le fond aussi bien que sur la forme de la saisie, il n'y aurait pas lieu de déclarer l'incompétence de ce tribunal, car elle n'est pas absolue, ni par suite de surseoir (2). — Les tribunaux de commerce sont incompétents pour juger de la validité d'une saisie, d'abord parce qu'ils ne peuvent connaître de l'exécution de leurs jugements; ensuite parce que de deux choses l'une : ou bien la saisie est contestée *dans sa cause*, ou bien elle est contestée *dans sa forme*. — Dans le premier cas, après avoir statué sur le fond, sur la cause, ils devraient statuer aussi sur la saisie-arrêt, ce qui serait connaître de l'exécution. — Dans le second cas, il ne s'agit que d'une question de procédure qui ne rentre nulle-

(1) Chauveau — Thomine — Roger — Dalloz. — Limoges, 4 juin 1856 — Grenoble, 14 mars 1857 — Montpellier, 31 janvier 1874.

(2) *Jurisprudence constante.*

ment dans la catégorie des affaires de l'art. 631 du Code de commerce.

— Il peut arriver que pour statuer sur la demande en validité ou en mainlevée d'une saisie-arrêt, il y ait lieu préalablement de résoudre une question dont la solution appartient à l'autorité administrative. En pareil cas les tribunaux devront, même d'office, se déclarer incompétents sur cette question, et surseoir à statuer sur le mérite de la saisie, jusqu'à ce que l'administration ait prononcé. Ainsi, le tribunal civil ne serait pas compétent pour prononcer une condamnation contre un tiers saisi préposé de l'administration qui prétendrait n'être pas tenu de déférer à une opposition faite entre ses mains et qui exciperait des instructions qu'il aurait reçues de ses supérieurs (1).

Mais il faut bien remarquer que le tribunal civil, bien qu'incompétent pour statuer sur le mérite d'un acte administratif, a seul le droit de prononcer la validité ou la mainlevée de la saisie-arrêt pratiquée en vertu de cet acte. Aucun empiétement sur les attributions de l'autorité administrative ne saurait lui être reproché si, n'ayant pas besoin pour statuer sur la validité de la saisie d'interpréter l'acte qui en est la cause ou de juger les questions auxquelles il donne lieu, il ne faisait qu'en prononcer l'application. C'est d'après ces principes que le Conseil d'État a annulé l'arrêté d'un préfet prononçant la nullité d'une saisie-arrêt faite sur une commune. Cet arrêt reconnaît qu'un pareil droit n'appartient qu'à l'autorité judiciaire (2).

Quant aux questions de préférence ou de privilége sur les sommes saisies, qui peuvent s'élever entre l'adminis-

(1) Conseil d'État, 8 janvier 1810.
(2) Conseil d'État, 29 avril 1809.

tration et un particulier, c'est aux seuls tribunaux civils qu'il appartient de les juger.

— L'incompétence des juges de paix pour les demandes en validité et en mainlevée est certaine. Un arrêt de la Cour de Rennes l'a reconnu par les motifs suivants (1) : « ... Que les juges de paix sont des juges d'attribution » qui ne connaissent même pas de l'exécution de leurs » décisions...; que l'art. 567, en parlant du tribunal du » domicile de la partie saisie, a voulu désigner le tri- » bunal de première instance, qui a la plénitude de la juri- » diction..., et que la loi du 25 mai 1838 n'a rien changé » là-dessus, etc. »

Mais nous pensons que, lorsque dans la demande en validité la cause de la créance vient à être contestée, le tribunal peut ne pas renvoyer au juge de paix ni surseoir comme lorsque la créance est commerciale. C'est que la juridiction commerciale a sa base dans l'acte de commerce lui-même, tandis que la juridiction du juge de paix ne résulte que d'une attribution motivée sur le peu d'impor- tance de la créance, et que le tribunal peut légalement apprécier lorsque l'affaire lui est soumise.

— Les présidents des tribunaux en audience de référés sont également incompétents pour statuer sur une demande en validité ou en mainlevée. C'est le tribunal entier qui doit juger cette demande (2). Le tiers saisi ne devrait donc pas payer, si on ne lui rapportait qu'une mainlevée émanant du juge de référé (3). Quel que soit le motif invoqué pour faire invalider la saisie-arrêt, fût-elle irrégulière et dépouillée de

(1) Rennes, 15 novembre 1851.
(2) Orléans, 23 mars 1819 — Paris, 1er avril 1834.
(3) Paris, 19 juillet 1832 et 18 avril 1835.

tout effet, c'est au tribunal, et non au président, que la loi veut que le saisi demande mainlevée. « Mais il faut remar-
» quer, dit M. Debelleymes, que lorsqu'un jugement a dé-
» claré l'opposant purement et simplement non recevable
» dans son opposition, s'il l'a débouté de sa demande en
» validité, s'il a déclaré qu'il n'avait aucun droit sur la
» somme, sans faire mainlevée de l'opposition et sans au-
» toriser le saisi à toucher, on accorde en référé, en cas de
» refus de payer, l'autorisation de recevoir, nonobstant
» l'opposition, parce qu'il ne s'agit plus de statuer sur le
» mérite de la saisie, mais d'assurer l'exécution des disposi-
» tions du jugement (1). »

— Nous avons vu, à propos de la *permission du juge,* que le président, en accordant au créancier qui n'a pas de titre la permission de saisir-arrêter, peut se réserver de statuer en référé sur les réclamations du saisi, et que l'ordonnance qu'il rend sur ces réclamations n'est pas susceptible d'appel.

— La compétence du tribunal du saisi pour la demande en mainlevée faite par celui-ci ne déroge pas à l'art. 59, C. proc., car demandeur en mainlevée, le saisi n'est, en réalité, qu'un défendeur à la saisie (c'est pour cela que l'étranger demandeur en mainlevée n'est pas tenu de fournir la caution *judicatum solvi* (2) ; mais cette compétence est tout en faveur du saisi. Si donc il renonce à cette faveur en assignant en mainlevée devant les juges du saisissant, celui-ci ne saurait proposer l'incompétence de ce tribunal, pourvu, toutefois, qu'il n'eût pas déjà lui-même assigné en validité devant le tribunal du saisi.

(1) Debelleymes, t. II, p. 230 et suiv.
(2) Seine, 20 août 1836.

L'assignation peut être faite au domicile élu dans l'exploit de saisie-arrêt; mais il ne faudrait pas en conclure, comme le fait observer M. Chauveau, que le tribunal du domicile élu dans l'exploit de saisie-arrêt fût compétent pour statuer sur la validité (1).

Il n'en est pas de cette élection comme de celle qui aurait été faite dans un acte d'obligation en vertu duquel on saisit, et pour l'exécution de cet acte. Le législateur n'a prescrit cette élection qu'afin de donner plus de facilités à la partie saisie pour se pourvoir contre la saisie; ce n'est que dans son intérêt, et le tiers saisi qui voudrait agir en revendication contre le saisissant devrait actionner celui-ci à son domicile réel et non au domicile élu.

Le projet de l'art. 567 portait : « La demande en validité » et celle en mainlevée formée par la partie saisie seront » portées, si la saisie est faite en vertu d'un jugement, au » tribunal qui doit connaître de son exécution; dans les » autres cas, devant le tribunal du domicile de la partie » saisie. » L'art. 567, tel qu'il est au Code, dit au contraire que le tribunal du domicile du saisi est seul et toujours compétent (2). — Ainsi, dans le cas de payement de frais faits par un officier ministériel, celui-ci doit faire condamner son client en payement par le tribunal devant lequel les frais ont été faits et faire valider la saisie-arrêt qu'il aurait pratiquée à cet effet par le tribunal du domicile du saisi, s'il demeure dans un autre ressort (3).

L'art. 567 entraîne donc les frais d'une double procédure sans utilité, en empêchant que la compétence du tribunal

(1) Chauveau, sur Carré, n° 1956.
(2) *Contra*, Riom, 10 janvier 1853.
(3) Cass., 17 février 1817.

sur le fond du litige ne lui attribue, par connexité, la connaissance de la demande en mainlevée et en validité de la saisie-arrêt pratiquée pour sûreté du payement. — En matière de succession, cependant, on décide que c'est devant le tribunal de la succession et non devant le tribunal du domicile personnel de l'héritier que doit être portée la demande en validité des oppositions formées entre les mains des débiteurs de la succession; mais cela ne peut avoir lieu que jusqu'au partage de la succession (1).

— Le tribunal du domicile de la partie saisie est compétent aux termes de l'art. 567 pour la demande en validité faite par le saisissant et la demande en mainlevée faite par le saisi. *Quid*, si c'est le tiers saisi qui demande la mainlevée, se prétendant propriétaire de la chose saisie? On pourrait penser que c'est le juge du lieu de la chose saisie qui est compétent, comme au cas de saisie-exécution; mais ce principe n'existe qu'en cette matière. La règle générale de l'art. 59, C. proc., reprend son application : ou bien le tiers saisi n'actionnera que le saisissant en mainlevée, et alors ce sera le tribunal de ce dernier qui sera compétent: ou bien il actionnera en même temps le saisissant et le saisi pour se faire déclarer propriétaire de la chose, et alors il pourra porter sa demande au tribunal du saisi ou à celui du saisissant.

— Entre Français et étranger, si le débiteur saisi est Français, le tribunal de son domicile est compétent. — Si le débiteur saisi est étranger, la compétence appartiendra au tribunal du domicile du tiers saisi, non pas à raison de l'art. 59, C. proc., qui est ici inapplicable, mais parce que la loi n'ayant pas déterminé quel tribunal,

______

(1) *Jurisprudence et doctrine conformes.*

en pareil cas devra connaître de l'action en validité, rien ne s'oppose à ce qu'elle soit portée devant celui du tiers saisi, d'autant plus que le choix de ce tribunal est favorable à l'une des parties, et que l'autre n'a aucun motif de s'en plaindre. — Si le saisissant et le saisi sont étrangers tous deux, reste toujours la question de savoir si les tribunaux français sont compétents pour juger les contestations entre étrangers. On décide généralement que les tribunaux français sont compétents pou. juger tant le fond que la forme de la saisie-arrêt, si le créancier est porteur d'un jugement étranger rendu exécutoire en France (2123, C. civ.) (1); si le saisi a acquis un domicile suffisant en France; s'il admet la compétence des tribunaux français (2), etc., etc. En dehors de ces cas, on distingue, selon que la question de validité ou de main-levée est seule en cause ou que le fond doit être aussi examiné (3); certains arrêts dénient, même alors, toute compétence aux tribunaux français (4). Pour nous, nous pensons que les tribunaux français sont compétents dans tous les cas.

SECTION II.

INSTRUCTION ET JUGEMENT.

Selon la règle commune, les saisies-arrêts sont instruites avec le ministère des avoués, comme affaires *ordinaires*, et non comme affaires *sommaires*, car la loi ne les range pas parmi ces dernières. — Mais les juges apprécieront si la demande doit être jugée avec célérité, ou si elle doit subir les lenteurs du rôle.

(1) Notamment dans ce cas, Paris, 8 avril 1875.
(2) Notamment, Bordeaux, 30 novembre 1869.
(3) Paris, 18 avril 1846; 19 février 1850; 4 janvier 1856.
(4) Paris, 24 avril 1841 — Douai, 12 juillet 1844.

Bien qu'il ne soit pas moins important pour le saisi de recouvrer la disposition des sommes arrêtées, que pour le saisissant de s'en faire délivrer le montant jusqu'à concurrence de ce qui lui est dû, les tribunaux, néanmoins, ne peuvent donner qu'une mainlevée définitive. Ils ne pourraient, sous prétexte de renseignements longs à se procurer, restreindre les effets de la saisie à la partie des sommes saisies, suffisante pour garantir le saisissant, ni en accordant une mainlevée provisoire au saisi, lui permettre de toucher tout ou partie des sommes saisies-arrêtées, *moyennant caution,* en renvoyant à une époque déterminée leur jugement sur le mérite de la saisie. — Un grand nombre d'arrêts, et particulièrement un arrêt de la Cour d'Amiens, ont cependant jugé en ce dernier sens, en ordonnant au saisi de donner caution pour les causes de la saisie (1). Il nous semble que c'est sacrifier l'intérêt du saisissant au profit du saisi ; car les causes de la saisie n'étant pas acquises au saisissant peuvent être frappées de nouvelles saisies-arrêts, tandis que l'excédant pourrait être dissipé par le saisi. De plus, le saisissant demande et a le droit de demander qu'il soit ordonné que le tiers saisi vide ses mains dans les siennes, et non pas seulement qu'il recevra une caution, ce qui peut l'entraîner dans un second procès. A Paris, dans la pratique, lorsque le jugement à rendre demande un trop long délai, la partie saisie cite le saisissant et le tiers saisi en référé devant le président du tribunal. Elle demande à ce magistrat à être autorisée à toucher le montant de la somme saisie, mais en laissant à la caisse des consignations des valeurs suffisantes pour assurer le payement des causes de l'opposition ; et pour empêcher

______

(1) Amiens, 4 janvier 1863.

que de nouvelles saisies ne viennent frapper cette valeur, et faire ouvrir une contribution entre le saisissant actuel et les saisissants nouveaux, elle consent à l'instant *transport et saisine* au saisissant jusqu'à concurrence de ce qui sera reconnu être dû à celui-ci par le jugement à intervenir sur l'instance en validité. Le président rend ensuite une ordonnance conforme à cette demande. Mais il y a là un véritable contrat judiciaire qui ne peut résulter que de la volonté des parties insérée dans l'ordonnance du président, et qui, signifié au tiers saisi, opère délégation parfaite au profit du saisissant.

— Le saisissant dont l'opposition est déclarée nulle peut être condamné à des dommages-intérêts si son opposition intempestive ou frustratoire a causé préjudice au saisi (1).

— Il se présentera souvent deux questions dans une mainlevée de saisie. — La créance peut paraître sans fondement au tribunal qui alors déclarera le demandeur non recevable et ordonnera la mainlevée de la saisie. — Si la créance est fondée, le tribunal peut même, tout en reconnaissant cette créance, ordonner la mainlevée parce que la saisie est irrégulière, ou bien il peut reconnaître le fondement de la créance et valider la saisie. Alors la principale condamnation porte sur le payement; la saisie n'est déclarée valable que pour faciliter le payement et faire que le tiers saisi verse entre les mains du saisissant les sommes dont il sera reconnu ou jugé débiteur envers le saisi.

— Il est de bonne procédure, et en même temps avantageux aux créanciers saisissants de joindre toutes les saisies pour obtenir un même jugement, car le saisissant qui aurait obtenu seul un jugement de validité, ne pourrait arriver

(1) Req., 17 mars 1873 — Dijon, 12 mars 1874.

à distribution avant que les autres oppositions eussent été déclarées valables ou nulles.

— Le tiers saisi n'est point partie au jugement de validité qui ne peut être rendu qu'entre le saisissant et le saisi. Aux termes de l'art. 568, il ne peut être assigné en validité que *s'il y a titre authentique ou jugement de validité.*

Dans cette hypothèse, si le tiers saisi est assigné en même temps que le saisi, y a-t-il lieu, au cas où l'une des parties fait défaut, de *joindre le profit du défaut à la cause* et d'ordonner la réassignation du défaillant pour être statué sur le tout par un seul jugement? (153, C. proc.). Nous croyons que oui, l'art. 153 est applicable en ce cas (1). En effet, le saisi et le tiers sont appelés dans la même instance pour le même objet; l'instance en saisie-arrêt devient alors *une et indivisible;* la saisie, la dénonciation avec assignation, la déclaration du tiers saisi et les contestations qui peuvent en résulter, pourraient sans cela donner lieu à des jugements qui se contrediraient. — Il faudrait décider le contraire si le saisissant qui n'est pas porteur d'un acte authentique appelait indûment le tiers saisi au jugement sur la validité de la saisie.

— Si, dans l'hypothèse d'un titre authentique, le tiers saisi, assigné en même temps que le saisi, fait une déclaration affirmative de laquelle il résulte qu'il ne doit rien, le jugement sur la validité doit être suspendu jusqu'au jugement de la contestation entre le saisissant et le tiers saisi sur sa déclaration. Le saisissant a intérêt à ne pas continuer ses poursuites sur la saisie-arrêt, si le tiers saisi ne doit réellement rien au débiteur saisi (2).

(1) *Contra*, Bourges, 5 mai 1819.
(2) Req., 22 avril 1837.

. — Aux termes de l'art. 156, C. proc., les jugements par défaut sont réputés non avenus s'ils ne sont pas exécutés dans les six mois de leur obtention. Cet article est applicable aux jugements de validité des saisies-arrêts. L'exécution qui les soustrait à la prescription et à l'opposition, résultera, d'après l'art. 159, de la vente des objets corporels, si la saisie porte sur des effets mobiliers; mais elle ne résultera pas de la simple déclaration du tiers saisi qui n'est pas un acte d'exécution réputé légalement connu du saisi. Il faudra la notification au saisi du jugement qui aurait ordonné, sur son défaut, soit de payer directement au saisissant, s'il n'y a pas lieu à distribution, soit cette distribution. — Si le défaut a été donné contre le saisi et contre le tiers saisi, il faudra exécuter le jugement contre tous les deux.

— On comprend parfaitement que le saisi n'a aucun intérêt à contester le mérite de la saisie pratiquée contre lui, si réellement les objets saisis ne lui appartiennent pas, puisque cette saisie n'aboutira à rien et que les frais, etc., retomberont sur le saisissant. Mais ce que le saisi peut avoir intérêt à demander, c'est la péremption pour discontinuation des poursuites pendant trois ans (397, C. proc.) (1). En ce cas, c'est le jugement de validité seul qui tombe; l'ordonnance du juge qui a permis de saisir-arrêter reste valable et peut servir à recommencer la saisie-arrêt sans nouvelle autorisation.

La péremption ne peut être invoquée par le tiers saisi qu'autant qu'il a été assigné en déclaration affirmative en même temps que le saisi en validité, puisque autrement l'instance ne serait pendante qu'entre le saisissant et le saisi, et que le tiers saisi n'y étant point partie serait sans

____

(1) Paris, 19 janvier 1858.

qualité pour demander la péremption. On ne pourrait non plus la demander contre lui, et sa déclaration affirmative ne l'interromprait pas, puisqu'il n'intervient dans la cause que pour faire sa révélation. Il n'en serait pas de même d'un règlement amiable entre le saisissant, le saisi et le tiers saisi; c'est alors un véritable jugement de validité de saisie, et il n'y a pas lieu à péremption (1).

— Il est aujourd'hui certain, d'après une jurisprudence constante, que c'est par le montant des causes de la saisie et non par celui des sommes arrêtées que se détermine le taux du dernier ressort, quelle que soit d'ailleurs la dette du tiers saisi (2). Or, les causes de la saisie sont déterminées par l'exploit de saisie-arrêt. Une somme différente portée dans la demande en validité ne pourrait pas changer le taux du dernier ressort. — Lorsque plusieurs saisies-arrêts, dont la réunion présente un total supérieur à 1,500 fr., ont été pratiquées chacune pour une somme inférieure à ce taux, soit qu'elles l'aient été par un seul créancier ou bien par plusieurs, dont toutes les demandes en validité auraient été réunies, le jugement de validité sera rendu en dernier ressort, car c'est le montant de chaque saisie prise isolément qui sert à déterminer s'il y a lieu ou non à l'appel; il y a autant de jugements partiels qu'il y a de saisies (3). — Si le saisissant demande en outre des dommages-intérêts, mais *pour une cause postérieure à l'introduction de l'instance,* ils doivent être considérés comme un accessoire de la demande principale et ne doivent pas être additionnés avec elle pour déterminer ce taux (4). — Il en est de même

(1) Req., 12 janvier 1853.
(2) Cass., 15 mai 1839 — Req., 29 janvier 1877.
(3) Angers, 31 mars 1852.
(4) Cass., 26 mai 1836.

des dommages-intérêts demandés par le saisi *pour une cause postérieure à la saisie* (1).

La nullité de la saisie *au fond* peut être proposée pour la première fois en appel. — Le créancier qui s'est borné à demander en première instance la validité de la saisie-arrêt, ne peut demander en outre et pour la première fois en appel la mainlevée à son profit des sommes dues par le tiers saisi, ce serait une demande nouvelle dans le sens de l'art. 464, C. proc. (2). — Le saisi qui, devant les premiers juges a contesté en la forme seulement la régularité de la saisie, peut, devant la Cour pour la première fois, contester l'existence de la créance, cause de la saisie (3).

CHAPITRE TROISIÈME.

Déclaration affirmative.

SECTION I.

PROCÉDURE.

Pour que le jugement qui déclare valable la défense faite au tiers saisi de payer les sommes qu'il doit au saisi ne reste pas sans effet, il faut encore qu'on puisse contraindre ce tiers saisi à déclarer ce qu'il doit et à payer entre les mains du saisissant. C'est le but de la procédure en déclaration affirmative.

---

(1) Cass., 19 avril 1830, et 5 avril 1836 — Limoges, 28 novembre 1846.
(2) Bordeaux, 10 février 1837.
(3) Nancy, 27 août 1838.

Art. I. — Assignation en déclaration.

Art. 568 : « Le tiers saisi ne pourra être assigné en décla-
» ration, s'il n'y a titre authentique ou jugement qui ait
» déclaré la saisie-arrêt valable. »

Il faut en effet que la créance soit légitime, légalement
constatée pour que le saisissant puisse agir contre un tiers
étranger à ses affaires. Le saisissant devra donc, dans son
assignation en déclaration affirmative, donner copie de son
titre ou du jugement. Le Code n'indique pas de délai pour
citer le tiers saisi en déclaration ; l'art. 564 veut seulement
qu'on l'avertisse de l'assignation en validité, afin d'empêcher
les payements ; mais la citation en déclaration affirmative
peut être faite dans un temps quelconque.

Art. 570 : « Le tiers saisi sera assigné sans citation préa-
» lable en conciliation devant le tribunal qui doit connaître
» de la saisie... »

M. Thomine pense qu'on peut éviter les frais de la procédure en déclaration affirmative, quand le tiers saisi a entre
les mains des deniers suffisants pour payer le saisissant et
qu'il n'existe point d'autres créanciers arrêtants (1). On
procéderait alors par la voie ordinaire de l'art. 548, C. proc.
Il faut ajouter que pour agir ainsi, il est nécessaire que le
tiers se reconnaisse au moins détenteur des sommes saisies
et qu'il soit d'accord sur la quotité de la dette.

Art. II. — Déclaration du tiers saisi.

I. — *Quand doit-elle être faite?* — Le délai pour faire
la déclaration n'est pas déterminé par les articles du titre

____

(1) Thomine, t. II, p. 73.

de la saisie-arrêt. L'art. 577 porte : « Le tiers saisi qui ne
» fera pas sa *déclaration* ou qui ne fera pas les *justifica-*
» *tions* ordonnées par les articles ci-dessus sera déclaré
» débiteur pur et simple des causes de la saisie. » Ce sera
donc l'assignation faite au tiers saisi qui fera courir le délai
pour faire la déclaration, délai ordinaire des ajournements
(art. 72 et 1033, C. proc.), délai de huitaine, augmenté à
raison des distances.

Si, ce temps écoulé, le tiers saisi n'a pas comparu ou
a comparu sans faire sa déclaration, il semble que le saisissant peut prendre contre lui un jugement par défaut qui le
déclare débiteur pur et simple, et le poursuivre en vertu de
ce jugement qui prononcera contre lui la pénalité de
l'art. 577. C'est là le droit exorbitant qui résulte des textes
de la loi; mais la jurisprudence a reculé devant une telle
rigueur, et ici l'équité l'emporte sur la loi.

Un premier jugement ordonnera au tiers saisi de faire sa
déclaration, et pour cela lui accordera un délai, et ce n'est
qu'à défaut de se conformer à cette injonction qu'on lui ap-
pliquera la pénalité de la loi. L'esprit de la loi approuve
cette méthode, car en n'indiquant pas le délai dans lequel
la déclaration doit être faite, le législateur n'a pu vouloir
que le tiers saisi fût immédiatement déclaré débiteur des
causes de la saisie. — Bien plus, tant que le tiers saisi n'a
pas été déclaré débiteur des causes de la saisie par un jugement passé en force de chose jugée, il peut faire sa déclaration, la compléter, la justifier, la régulariser de toute
manière (1). — Quelques arrêts décident même que les
tribunaux, après avoir déterminé un premier délai pour

(1) *Jurisprudence constante :* Nîmes, 12 mars 1853 — Paris, 27 décembre
1856.

faire la déclaration, doivent ne pas prononcer la pénalité de l'art. 577, et fixer encore un nouveau délai. La peine ne pourrait résulter que du refus obstiné ou frauduleux du tiers saisi, les droits du saisissant étant aussi bien assurés par une déclaration tardive que par une déclaration instantanée (1).

II. — *Où et comment?* — Art. 571 : « Le tiers saisi
» assigné *fera sa déclaration* et *l'affirmera* au greffe, s'il
» est sur les lieux, sinon devant le juge de paix de son
» domicile, sans qu'il soit besoin, dans ce cas, de réitérer
» l'affirmation au greffe. »

Art. 572 : « La déclaration et l'affirmation pourront être
» faites par procuration spéciale. »

Il faut l'assistance d'un avoué pour faire la déclaration affirmative (art. 92 du tarif). C'est au greffe du tribunal appelé à connaître de la saisie que se fait cette déclaration (570, C. proc.). Lorsqu'elle est faite devant le juge de paix du domicile, la loi n'indique pas la marche à suivre pour la faire parvenir à la connaissance du saisissant. Selon Carré, le juge de paix doit envoyer lui-même la déclaration du tiers saisi au greffe du tribunal de la saisie où elle reste en dépôt : selon Bioche, aucun texte n'imposant cette obligation au juge de paix, le tiers saisi doit lever une expédition de sa déclaration et l'adresser à un avoué près le tribunal devant lequel il a été assigné, pour que cet avoué la signifie, avec constitution à l'avoué du saisissant; les frais de l'expédition ne devraient pas être à la charge du tiers saisi (2). — Dans plusieurs tribunaux, les avoués, au lieu de faire signer au greffe une déclaration par leurs clients,

(1) Paris, 30 août 1810 — Bruxelles, 14 janvier 1815.
(2) Bioche, n° 170 — Chauveau. 1962.

d'en lever expéditon et d'en signifier copie, se bornent à signifier par acte d'avoué à avoué une déclaration signée du tiers saisi avec offre de se communiquer sur récépissé les pièces justificatives. Ce mode de procéder est illégal, mais on ne peut qu'approuver les avoués qui l'emploient pour épargner des frais à leurs parties (1). — Du reste, toute déclaration, même faite irrégulièrement, lie le saisissant qui l'a acceptée.

La déclaration peut être faite par un porteur de procuration sous seing privé et sans prestation de serment. Il en est de même de l'affirmation (2). Mais la déclaration, quoique faite au greffe, est nulle, si elle n'est pas suivie de l'affirmation (3).

III. — *Que doit contenir la déclaration?* — Art. 573 : « La déclaration énoncera les causes et le montant de la
» dette; les payements, acomptes, si aucuns ont été faits;
» l'acte ou les causes de la libération, si le tiers saisi n'est
» plus débiteur; et dans tous les cas, les saisies-arrêts for-
» mées entre ses mains. »

1° *Les causes de la dette.* — Pigeau, sur ces mots, s'exprime ainsi : « Le tiers saisi peut opposer toutes les exceptions qu'il pourrait opposer au saisi son créancier; par exemple que la dette est nulle, ou sujette à rescision, ou à terme, ou conditionnelle; mais il doit toujours déclarer ces causes avec réserve de faire prononcer la nullité ou la rescision, si elles sont contestées (4). » Le tiers saisi doit donc déclarer non-seulement l'origine de la dette, mais tout ce qui peut la modifier, la détruire.

(1) Thomine, t. II, p. 77.
(2) Dalloz — Roger. — *Contra* : Pigeau, Loret.
(3) Bourges, 3 mars 1832.
(4) Pigeau, p. 66.

2° *Le montant de la dette.* — Cela n'est possible que si la dette est liquide. Si elle ne l'est pas, le tiers saisi indiquera le compte à faire.

3° *Les payements, acomptes, si aucuns ont été faits.* — On devra indiquer le mode de payement fait et la date, afin d'établir s'il y a eu compensation, ou si le payement a été fait avant ou après la saisie ou la dénonciation.

4° *L'acte ou les causes de libération, si le tiers saisi n'est plus débiteur.* — Le projet de loi portait seulement *l'acte de libération.* A la révision, dit Pigeau, on a ajouté les *causes de libération,* parce qu'il peut arriver qu'il y ait eu libération sans qu'il y ait eu d'acte fait dans ce dessein, comme lorsqu'il y a prescription, compensation, perte de la chose due, etc. (1).

5° *Les saisies-arrêts formées entre les mains du tiers saisi.* — Le saisissant pourra ainsi appeler les autres saisissants pour la distribution à laquelle il veut arriver. La signification d'une cession doit aussi être déclarée.

L'art. 575 veut que « le tiers saisi dénonce à l'avoué du
» premier saisissant les nouvelles saisies qui surviendraient,
» par extrait contenant les noms et élection de domicile
» des saisissants et les causes des saisies. » — Il faut en dire autant des transports de la somme arrêtée à lui signifiés depuis sa déclaration.

IV. — *Dépôt des pièces justificatives.* — Art. 574 :
« Les pièces justificatives de la déclaration seront annexées
» à cette déclaration; le tout sera déposé au greffe, et
» l'acte de dépôt sera signifié par un seul acte contenant
» constitution d'avoué. »

Le dépôt de ces pièces est en effet indispensable pour

____

(1) Pigeau, p. 168.

donner à la parole du tiers saisi une autorité suffisante.
M. Carré dit avec raison que le tiers saisi est un comptable
qui doit justifier de sa libération (1). — Mais on ne peut
toujours exiger du tiers saisi des pièces écrites à l'appui de
sa déclaration ; par exemple, s'il n'a jamais eu de relations
avec le saisi (2). De même, il est certains payements qui se
font sans quittance. D'un autre côté, s'il y a des quittances,
elles sont dispensées de l'enregistrement ; l'art. 1328, C. civ.,
ne s'applique pas aux quittances ; elles peuvent même n'être
pas datées. En un mot, il y a à l'égard du tiers saisi une
question de bonne foi qui est réservée à l'appréciation souveraine du tribunal (3). Mais le saisissant peut toujours
attaquer comme frauduleux les payements faits par le tiers
saisi et que celui-ci prétend libératoires, lors même qu'ils
auraient date certaine antérieure à la saisie, car il peut y
avoir eu collusion entre le saisi et le tiers saisi pour frustrer
par des payements anticipés les droits que le créancier
pourrait avoir ultérieurement ; seulement c'est alors au saisissant à prouver la fraude (1167, C. civ.). — En tous cas,
les actes de libération sous seings privés doivent être en-
registrés au moment du dépôt, car ce sont des actes produits
en justice (4).

Lors même que le tiers saisi ne serait plus en relation
d'affaires avec le saisi, il devrait produire ses anciens comptes
avec lui.

L'acte de dépôt doit être signifié au saisissant avec constitution d'avoué. Dans l'usage on ajoute copie de la déclaration affirmative et des pièces justificatives ; mais ce n'est

(1) Carré, n° 1967.
(2) Lyon, 7 décembre 1835.
(3) *Jurisprudence constante.* — Paris, 4 août 1857.
(4) Loi du 22 frimaire an VII.

pas nécessaire, le saisissant doit consulter les pièces au greffe.

La déclaration faite devant le juge de paix du domicile du tiers saisi n'empêche pas le dépôt des pièces justificatives au greffe du tribunal qui doit connaître de la saisie; dans ce cas, la déclaration ne sera signifiée qu'après le dépôt au greffe.

Art. 578 : « Si la saisie-arrêt est formée sur effets mobi-
» liers, le tiers saisi sera tenu de joindre à sa déclaration
» un état détaillé desdits effets. » Cet état détaillé spéci-
fiera les objets par leur nombre, poids et mesure, etc., etc.,
et servira de procès-verbal, sur lequel se feront la vente et la distribution du prix lorsque la saisie aura été déclarée valable. C'est ce que dit l'art. 579.

De même que nous l'avons dit *supra*, le tiers saisi, d'après la jurisprudence, n'est pas condamné à payer les causes de la saisie s'il n'a pas fait sa déclaration dans le délai de l'assignation; de même, les tribunaux décident qu'aucun délai fatal n'est imposé au tiers saisi pour déposer les pièces justificatives. La fraude seule rend coupable le retard du tiers saisi (1).

La jurisprudence décide aussi que le tiers saisi ne doit pas être condamné comme débiteur pur et simple sur le seul motif que les pièces qu'il a produites sont dénuées de fondement (2).

Enfin. on décide également que le tiers saisi ne doit pas être déclaré débiteur des causes de la saisie, si après avoir fait sa déclaration, il ne signifie pas l'acte de dépôt ou ne consigne pas dans le mois (3).

(1) Toulouse, 5 juin 1851.
(2) Cir. c., 3 mai 1865 — Req., 15 mai 1876.
(3) Cass., 8 février 1851.

La déclaration faite, le tiers saisi n'est pas obligé de la renouveler à chaque saisie qui survient ; il doit seulement signifier la déclaration qu'il a faite aux nouveaux saisissants, qui prendront communication des pièces au greffe.

S'il y a plusieurs saisissants, ils n'ont tous ensemble qu'une seule communication de pièces justificatives par les mains du plus ancien des avoués constitués (par analogie de l'art. 536, C. proc.). Si les saisies sont de même date et qu'on ait constitué des avoués différents, le plus ancien sera le premier en date de ceux qui sont porteurs de titres authentiques, et s'ils n'en ont pas, le premier de ceux qui sont fondés en titres privés (arg. 932, C. proc.).

ART. III. — PEINE CONTRE LE TIERS SAISI QUI N'A POINT FAIT DE DÉCLARATION.

Art. 577 : « Le tiers saisi qui ne fera pas de déclaration » ou qui ne fera pas les justifications ordonnées par les » articles ci-dessus sera déclaré débiteur pur et simple des » causes de la saisie. » La pensée de la loi est que le juge ne pouvant pas alors connaître le montant des sommes dues par le tiers saisi, doit le réputer égal aux causes de la saisie. Mais si le chiffre de la dette est bien connu, fixé par exemple par un titre authentique, et que les causes de la saisie demandées par le saisissant soient supérieures à la dette indiquée au titre, le tiers saisi ne devra être condamné qu'au montant de la dette, et s'il s'agit d'objets mobiliers, à leur représentation et au montant de leur valeur (1). Il ne s'agit en somme que de dommages-intérêts qui ne peuvent excéder le préjudice causé (1149, C. civ.).

(1) Bordeaux, 28 juin 1851.

L'omission de dénonciation des saisies reçues par le tiers saisi entraîne la même peine; l'art. 577 punit le tiers saisi qui ne fait pas les *justifications* ordonnées par les articles précédents. Mais il n'en est pas de même de la dénonciation frauduleuse, car alors le juge peut apprécier d'après une base certaine et le condamner à des dommages-intérêts équivalents au préjudice qu'il cause par sa fraude (1).

SECTION II.

JUGEMENT DE LA DÉCLARATION AFFIRMATIVE.

Art. 576 : « Si la déclaration n'est pas contestée, il n'est
» fait aucune procédure, ni de la part du tiers saisi, ni
» contre lui. »

Les frais de la demande en validité d'une déclaration non contestée seraient donc frustratoires et devraient rester à la charge du saisissant.

Mais le tiers saisi peut faire des offres au saisi, à la charge par ce dernier de rapporter mainlevée; il peut aussi former une demande incidente tendant à se faire déclarer quitte envers lui et même son créancier.

La déclaration peut être contestée soit par le saisissant, soit par le saisi, et il n'y a pas de délai de rigueur à cet effet. Les juges ne peuvent se dispenser de statuer sur cette contestation. — Le tiers saisi peut demander son renvoi devant son juge (art. 570), et ce renvoi doit être ordonné. Mais cette demande doit être faite *in limine litis*, par conséquent avant toute autre exception. Le renvoi peut avoir lieu lors même que l'instance en déclaration serait

(1) Même arrêt, et Cass., 31 janvier 1818.

connexe à une autre; ou que la déclaration ne serait contestée qu'en la forme. Cependant, sur ce dernier point, une jurisprudence contraire paraît prévaloir (1).

Il peut se faire même que le juge naturel du tiers saisi soit dans la même ville que le tribunal de la demande en déclaration, par exemple s'il prétend être renvoyé devant le tribunal de commerce.

S'il y a plusieurs tiers saisis, chacun d'eux pourrait demander son renvoi devant son propre tribunal. Mais si les contestations portent sur l'exécution d'un acte pour lequel il y a eu autrefois élection de domicile, c'est devant le tribunal du domicile élu que l'on devra procéder (2).

Les juges apprécieront le mérite de la déclaration d'après les pièces produites. Le saisissant peut être admis à prouver par témoins que la déclaration est fausse ou frauduleuse, lors même que la dette serait de plus de 150 fr., puisque cette preuve est toujours admise en cas de fraude. D'autre part, d'après les principes de l'aveu, la déclaration du tiers saisi doit être prise dans son entier, sans pouvoir être divisée contre lui.

Le tiers saisi a le droit de retenir les frais de sa déclaration. S'il succombe sur la contestation soulevée contre cette déclaration, il est condamné aux dépens qui s'y rattachent; si la déclaration est maintenue, les dépens sont supportés par le saisissant.

Le saisi a le droit d'intervenir en première instance et en appel sur la contestation soulevée contre la déclaration. Les autres créanciers saisissants auraient aussi le droit d'intervenir dans l'instance introduite sur la validité de la déclaration affirmative.

(1) Paris, 9 août 1841 — Bordeaux, 22 juin 1835.
(2) Paris, 3 janvier 1843.

L'appel du jugement formé sur la déclaration affirmative peut être interjeté, si la somme que le saisissant prétend être due par le tiers saisi est supérieure à 1,500 fr. (1). — Il n'y a rien de particulier quant au pourvoi en cassation.

CHAPITRE QUATRIÈME.

Formalités spéciales à quelques Saisies-Arrêts.

SECTION I.

DES SAISIES-ARRÊTS ÈS MAINS DES FONCTIONNAIRES PUBLICS.

I. — *De l'exploit.* — Art. 561 : « La saisie-arrêt entre
» les mains des receveurs dépositaires ou administrateurs
» de caisses ou deniers publics, en cette qualité, ne sera
» point valable si l'exploit n'est fait à la personne préposée
» pour le recevoir et s'il n'est visé par elle sur l'original ou
» en cas de refus par le procureur du roi. »

Anciennement ces saisies-arrêts étaient soumises à des règles spéciales (2), et dans le droit intermédiaire, diverses lois parurent à ce sujet (3). L'art 561, d'ailleurs, ne contient pas toutes les conditions nécessaires en matière de saisies-arrêts pratiquées entre les mains des détenteurs de deniers publics. C'est le décret du 18 août 1807, qui a réuni toutes les dispositions relatives à ces saisies.

(1) *Jurisprudence constante;* Agen, 3 janvier 1855 — Grenoble, 18 mars 1858.

(2) Lettres patentes du 3 juin 1756 et du 13 janvier 1778.

(3) 17 février 1792; 30 mai 1793; 13 pluviôse an XIII.

Aux termes de l'art. 1er de ce décret, indépendamment des formalités communes à tous les exploits et des formalités particulières à l'exploit de saisie-arrêt exigées dans les cas ordinaires par le Code de procédure, l'opposition ès mains des fonctionnaires publics doit exprimer les noms et qualités de la partie saisie. — Cette condition n'est exigée qu'implicitement par le Code de procédure; le décret, pour éviter toute espèce de difficultés, la rappelle d'une manière expresse. — Cet article prescrit en outre la désignation de l'objet saisi : traitement, payement de travaux, de fournitures, etc. ; c'est là une différence avec ce qui se pratique dans les saisies-arrêts ordinaires, où l'on peut arrêter ce qui est dû au saisi et ce qui lui sera dû par la suite.

D'après l'art. 2, l'exploit devra énoncer pareillement la somme pour laquelle la saisie est faite, et au lieu de la *simple énonciation* du titre, exigée seulement par l'art. 559, C. proc., il devra contenir *extrait* ou *copie* conforme de ce titre.

L'art. 3 du décret de 1807 veut, qu'en cas d'inaccomplissement de l'une ou l'autre de ces formalités, la saisie-arrêt soit déclarée non avenue, et sans qu'il soit nécessaire d'en demander la mainlevée aux tribunaux. Toutefois, le saisissant aura son recours contre l'administration, s'il prouve que l'exploit était conforme aux prescriptions du décret.

L'art. 4, reproduit du décret du 30 mai 1793 et de l'arrêté de pluviôse an XI, veut que la saisie-arrêt n'ait d'effet que *jusqu'à concurrence de la somme portée en l'exploit.* Nous verrons que cette disposition est fort importante (1).

L'art. 5 reproduit l'art. 561, C. proc., sauf l'addition des mots : lequel (procureur de la République) en donnera

____

(1) *Infra, Effets de la saisie.*

avis de suite aux chefs des administrations respec' ves. Il faut remarquer, sur cet article, que les saisies-arrêts doivent être faites entre les mains des receveurs, dépositaires ou administrateurs de deniers publics, c'est-à-dire entre les mains de ceux qui sont chargés de payer les mandats, et non entre les mains des chefs d'administration ou des simples ordonnateurs des dépenses publiques départementales ou communales. L'art. 13 de la loi de finances du 9 juillet 1836 est venu confirmer cette interprétation. Mais reste toujours la difficulté pratique de savoir à quel receveur, à quel dépositaire de telle ou telle administration il faudra signifier la saisie-arrêt. A défaut de règlement général sur cette matière, il faut recourir aux règlements particuliers pour chaque branche d'administration. Nous nous bornerons à en citer quelques-uns.

Les saisies-arrêts des *cautionnements* sont faites directement au Trésor (bureau des oppositions), qui, pour le service des cautionnements remplace maintenant la caisse d'amortissement, ou au greffe des tribunaux dans le ressort desquels les titulaires exercent leurs fonctions, savoir : pour les officiers ministériels au greffe des tribunaux civils, et pour les agents de change et courtiers au greffe des tribunaux de commerce (1). — En outre, il faut observer : 1° que toutes les oppositions formées au Trésor sont censées affecter le capital et les intérêts échus et à échoir, à moins que mention expresse ne soit faite pour les restreindre au capital seulement; 2° que les oppositions faites aux greffes des tribunaux ne portent que sur le capital des cautionnements, tant qu'elles n'ont pas été notifiées au Trésor (2).

---

(1) Loi, 25 nivôse an XIII — Ord. roy., 31 mai 1838, art. 127.
(2) Avis, Conseil d'État, 12 août 1807 — Ord. roy., 31 mai 1838, art. 128.

— Lorsqu'un cautionnement a cessé d'être crédité au Trésor public par suite de l'émission sur la caisse d'un payeur de département d'un mandat de remboursement, ce n'est plus qu'entre les mains de ce comptable qu'il peut être saisi jusqu'au payement effectif. — Les oppositions à faire sur les cautionnements des titulaires inscrits sans désignation de résidence sur les livres du Trésor, doivent être signifiées à Paris au bureau des oppositions (1).

La saisie *des sommes déposées à la Caisse des dépôts et consignations* doit être faite, à Paris, entre les mains du préposé; dans les départements, entre les mains des receveurs généraux et particuliers, etc., etc. (particulièrement pour les oppositions formées par les propriétaires de rentes nominatives, art. 187 et 188 de la loi du 24 août 1793, — et pour les oppositions sur les traitements militaires, art. 448 de l'ordonnance du 25 juillet 1839 et 397 de l'ordonnance du 22 juin 1847).

La signification d'une saisie peut être faite aux commis de l'agent préposé pour la recevoir; mais elle doit l'être au bureau de l'administration et non pas à la demeure de son préposé (2).

La formalité du visa exigée par l'art. 561 et le décret de 1807 est dans l'intérêt de l'administration; il peut donc n'être pas apposé le jour même de la signification, et le saisi ne saurait se plaindre de l'absence ou de l'irrégularité de cette formalité (3). Le visa doit être délivré sans frais, car aux termes de l'art. 1039, C. proc. : « Toutes signifi-» cations faites à des personnes publiques préposées pour » les recevoir seront visées sans frais sur l'original. »

(1) Décr., 28 août 1808 — Ord., 25 septembre 1816, et 31 mai 1838.
(2) Cass., 25 janvier 1825.
(3) Même arrêt.

L'art. 561 et le décret de 1807 ne s'occupent que des receveurs, dépositaires, administrateurs de caisses et de deniers publics, c'est-à-dire de l'État. Les saisies ès mains des receveurs communaux, des notaires, huissiers, etc., restent dans le droit commun (1). — Mais la loi du 5 juin 1835 a assimilé les comptables des caisses d'épargne aux comptables de deniers publics.

Aux termes de la loi du 9 juillet 1836, et 8 juillet 1837, les saisies des sommes dues à l'État doivent être renouvelées dans les cinq ans de leur date. A défaut de renouvellement dans les délais, le Trésor paye valablement (2). Mais la péremption de la saisie faute de renouvellement étant, comme le *visa*, établie dans l'intérêt seul du Trésor, ne peut pas être invoquée par les tiers (3) (saisissant et saisi, par exemple). — Seules, les oppositions sur les cautionnements ne sont pas astreintes au renouvellement quinquennal.

II. — *Dénonciation, etc., contre-dénonciation.* — La saisie entre les mains de l'État n'est pas dispensée de la dénonciation au saisi, ni de la demande en validité. Le décret du 18 août 1807 ne modifie les dispositions du Code de procédure qu'en ce qui concerne les règles tracées entre le tiers saisi et le saisissant; mais il laisse subsister celles que le Code a établies entre le saisi et le saisissant.

Quant à la dénonciation au tiers saisi de la demande en validité faite contre le saisi, on pense généralement qu'il est absolument inutile de la faire. En effet, l'art. 9 du décret du 18 août 1807 porte que tout caissier ou dépositaire de

(1) Besançon, 20 mars 1837.
(2) Cass., 8 novembre 1847.
(3) Seine, 29 décembre 1843.

deniers publics, entre les mains duquel il existe une opposition sur une partie prenante, ne pourra payer que du consentement des opposants ou après ordonnance de justice; or, en fait, cet article est sévèrement observé par les détenteurs de deniers publics (1).

III. — Nous avons vu, à propos du *jugement de validité,* les règles qui doivent être suivies quand, pour apprécier une saisie-arrêt, il faut résoudre préalablement une question de la compétence de l'administration.

IV. — Art. 569 : C. proc. : « Les fonctionnaires publics
» dont il est parlé (art. 561) *ne sont point assignés en dé-*
» *claration,* mais ils délivreront un *certificat* constatant
» s'il est dû à la partie saisie, et énonçant la somme si elle
» est liquide. »

Ce certificat est délivré conformément aux art. 6, 7 et 8 du décret du 18 août 1807. On doit le demander par voie de pétition et sur papier timbré.

Art. 6 : « Les receveurs, dépositaires au administrateurs,
» sont tenus de délivrer, sur la demande du saisissant, un
» certificat qui tiendra lieu, en ce qui les concerne, de toutes
» les formalités prescrites à l'égard des tiers saisis par le
» titre V du livre VII du Code de procédure. — S'il n'est
» rien dû au saisi, le certificat l'énoncera; — si la somme
» due au saisi est liquide, le certificat en déclarera le mon-
» tant; — si elle n'est pas liquide, le certificat l'expri-
» mera. »

Art. 7 : « Dans le cas où il serait survenu des saisies-
» arrêts ou oppositions sur la même partie, et pour le même
» objet, les receveurs, dépositaires ou administrateurs
» seront tenus, dans les certificats qui leur seront demandés,

____

(1) Req., 12 novembre 1877. — *Contra,* Paris, 27 janvier 1870.

» de faire mention desdites saisies-arrêts ou oppositions et
» de désigner les noms et élections de domicile des saisis-
» sants, et les causes desdites saisies-arrêts ou opposi-
» tions. »

Art. 8 : « S'il survient de nouvelles saisies-arrêts ou
» oppositions depuis la délivrance d'un certificat, les rece-
» veurs, dépositaires ou administrateurs seront tenus, sur
» la demande qui leur en sera faite, de fournir un extrait
» contenant pareillement les noms et élections de domicile
» du saisissant, et les causes desdites saisies-arrêts ou op-
» positions. »

— Il ne faudrait pas appliquer l'art. 577, C. proc., au
fonctionnaire qui refuserait de délivrer le certificat exigé par
l'art. 569. M. Dalloz conseille au saisissant, en cas de refus,
de s'adresser, soit au supérieur hiérarchiquement immédiat,
soit au ministre lui-même. Il reconnaît que des dommages-
intérêts peuvent être réclamés pour le préjudice causé par
son refus, en vertu de l'art. 1382, C. civ., sauf tout recours
de la part de l'administration contre le préposé ; mais cette
action ne peut être intentée que par voie principale et après
autorisation administrative (1).

Dans le cas où le saisissant suspecterait la sincérité du
certificat à lui délivré par le fonctionnaire, voici, selon Loret,
quelle est la marche à suivre : « Le saisissant devra s'a-
» dresser à l'autorité administrative supérieure ; après que
» cette autorité aura prononcé, il reviendra devant les tri-
» bunaux et obtiendra, s'il y a lieu, un jugement qui, basé
» sur la décision administrative, ordonnera au fonctionnaire
» de délivrer les sommes reconnues administrativement être
» dues à la partie saisie (2). »

(1) Dalloz, *Saisie-arrêt*, n° 375.
(2) Loret, t. IV, p. 39.

SECTION II.

DES SAISIES-ARRÊTS FAITES PAR L'ÉTAT ET LES ADMINISTRATIONS PUBLIQUES.

Toute poursuite de la part de l'État et des administrations publiques doit être précédée d'une *contrainte*. — La *contrainte* est un titre exécutoire qui, pour l'État, vaut un jugement. — (Quant à la capacité de faire la saisie-arrêt, voir *supra*).

I. — Aux termes de l'art. 65 de la loi du 22 frimaire an VII, et de l'art. 17 de la loi du 27 ventôse an IX, l'administration de l'enregistrement pour le recouvrement des droits, etc., est dispensée de recourir au ministère des avoués ; elle peut se pourvoir par *simples mémoires respectivement signifiés sans plaidoiries*.

Elle n'est même pas tenue de constituer avoué dans l'assignation en déclaration affirmative qui est donnée au tiers saisi ; mais le ministère de l'avoué devient obligatoire s'il s'élève quelque contestation sur la déclaration du tiers saisi, et qu'une instance se lie entre elle et ce dernier. Le mode spécial de procédure ci-dessus, n'est applicable, en effet, qu'autant qu'il s'agit d'une contestation entre l'État et le redevable de la somme ; mais il en est autrement, lorsque la contestation existe avec un tiers qui n'est pas personnellement débiteur et qui intervient seulement dans l'instance entre l'État et son débiteur (1).

L'État et les administrations publiques sont, comme tout autre saisissant, astreints à élire domicile dans l'exploit de

___

(1) Instr., 25 octobre 1812, art. 606, et 5 juin 1837, art. 1637. — Cass., 7 janvier et 29 avril 1818.

saisie-arrêt. Ainsi, lorsque l'administration de l'enregistrement agit par voie de saisie-arrêt, elle doit, à peine de nullité, faire élection de domicile dans la commune du tiers saisi (1).

L'administration de l'enregistrement a le privilége de faire juger le mérite des contraintes qu'elle a décernées par le tribunal dans le ressort duquel est situé le bureau dont elles émanent. Ce privilége ne s'étend qu'aux saisies-arrêts pratiquées par cette administration à la suite de contraintes. Ainsi, les demandes en validité de ces saisies peuvent être portées par l'administration devant le tribunal du ressort de ce bureau (2).

Il faut d'ailleurs appliquer ici ce que nous avons dit précédemment à propos du jugement de validité.

La péremption des instances des saisies-arrêts pratiquées par l'administration de l'enregistrement, pour payement des droits, a lieu par la discontinuation des poursuites pendant *une année.* C'est la conséquence de l'art. 61 de la loi du 22 frimaire an VII. L'art. 397, C. proc., ne s'applique pas à cette matière.

— L'art. 88 de la loi du 5 ventôse an XII a appliqué particulièrement les règles précédentes à l'administration des contributions indirectes.

II. — Voyons spécialement les règles qui concernent les saisies-arrêts pour le recouvrement des contributions directes.

— L'art. 2 de la loi du 12 novembre 1808 porte : « Tous
» fermiers, locataires, économes, notaires, commissaires-
» priseurs et autres dépositaires de deniers provenant du

---

(1) Dalloz, *Saisie-arrêt*, n° 220.
(2) Loi du 22 frimaire an VII, art. 61 — Cass., 14 décembre 1819.

» chef des redevables, et *affectés au privilége du Trésor*
» *public,* sont tenus, *sur la demande* qui leur en sera
» faite, de payer en l'acquit des redevables et sur le mon-
» tant des fonds qu'ils doivent ou qui sont entre leurs mains,
» jusqu'à concurrence de tout ou partie des contributions
» dues par ces derniers. »

Ainsi, il faut : 1° que le tiers *ait été interpellé directement et légalement par le percepteur,* — et 2° que les
sommes *soient affectées au privilége du Trésor;* autrement, une saisie-arrêt devient nécessaire, car le Trésor
n'est plus qu'un créancier ordinaire et qui doit suivre le
droit commun.

Il importe peu qu'il existe des oppositions précédemment
faites par d'autres créanciers du contribuable (1). Aussi le
tiers saisi doit, en pareil cas, payer le percepteur sans
attendre même qu'il soit statué sur les oppositions des autres
créanciers et sans que ceux-ci puissent plus tard le faire
condamner à payer le montant des causes de leurs oppositions.

Si le tiers refuse de vider ses mains, le percepteur lui
fera sommation extrajudiciaire par un porteur de contraintes,
et s'il n'y obtempère pas, on procédera contre lui comme
on aurait pu le faire contre le redevable même, c'est-à-dire
par voie de garnison, saisie et vente de ses meubles; mais
il faudra préalablement obtenir une *contrainte* du receveur
des finances, car nulle poursuite ne peut être faite sans contrainte. — Si le tiers fait *opposition* à la contrainte, il
arrêtera par là toute poursuite ultérieure. Quant au jugement de cette opposition, il appartiendra à l'autorité judiciaire, si les exceptions invoquées par le tiers lui sont

____

(1) Cass., 21 avril 1819.

personnelles, et étrangères à la matière des contributions;
au contraire, le conseil de préfecture sera compétent si
l'opposition du tiers est fondée sur des motifs personnels au
redevable et que le tiers détenteur, payant en son acquit,
peut invoquer comme subrogé à ses droits et exceptions.

— Si l'on se trouve en dehors des cas où le Trésor a privilége, l'administration, avons-nous dit, devra agir par
voie de saisie-arrêt et par le ministère d'un huissier ou d'un
porteur de contraintes (1).

Tous les actes de saisie-arrêt, en matière de contributions
directes, doivent être revêtus des formes tracées par le
Code de procédure, et notamment par l'art. 61. Ceux qui
sont nuls restent à la charge des porteurs de contraintes.

Le percepteur saisissant qui ne demeure pas dans le lieu
où réside le tiers saisi doit y élire domicile, par exemple à la
maison où il fait d'ordinaire sa recette quand il vient dans
la commune, si la saisie-arrêt a lieu dans une des communes
de l'arrondissement de perception. Si elle a lieu dans une
commune étrangère à la perception, la saisie doit avoir lieu,
croyons-nous, sur la demande du percepteur de la commune
où la cote est imposée, par l'intermédiaire du percepteur de
la résidence du tiers détenteur, à qui le receveur des
finances fait parvenir un extrait du rôle indiquant les
sommes dues et formant le titre en vertu duquel l'opposition
pourrait être formée (2).

La demande en validité de la saisie doit être portée,
avons-nous vu, devant le tribunal civil du domicile de la
partie saisie; mais l'assignation doit être conçue en ce sens
que si, devant le tribunal, le saisi élevait des difficultés sur

(1) Art. 83 du règlement du 26 août 1824.
(2) Analogie des art. 59 et 60 du règlement du 20 août 1824.

la quotité des contributions dues ou la régularité de la contrainte délivrée par le receveur des finances, etc..., le tribunal renverrait l'examen de ces questions à l'autorité administrative.

TITRE TROISIÈME.

CHAPITRE UNIQUE.

Effets de la Saisie-Arrêt.

Le Code de procédure est pour ainsi dire muet sur ce point ;
il ne contient, sur les effets de la saisie-arrêt, qu'un seul
article, l'art. 579. Aussi, malgré que les plus illustres jurisconsultes aient cherché à apporter de la lumière dans les
difficultés de cette matière, il s'en faut que tous les doutes
aient disparu.

SECTION I.

EFFETS DE LA SAISIE-ARRÊT AVANT LE JUGEMENT DE VALIDITÉ.

Toute la procédure de saisie-arrêt tend uniquement à faire
attribuer au saisissant les sommes ou effets du saisi qui sont
entre les mains du tiers saisi ; c'est en cela principalement
qu'on doit la considérer comme un acte d'exécution. Nous
devons dire d'abord que cette attribution d'un droit exclusif
et absolu en faveur du saisissant n'est pas la conséquence ni
le résultat de l'exploit de saisie-arrêt notifié au tiers saisi ;
nonobstant la saisie-arrêt, celui-ci reste toujours débiteur
du saisi et ne devient nullement débiteur du saisissant. En
d'autres termes, les sommes ou effets saisis-arrêtés n'en
restent pas moins, après l'exploit de saisie-arrêt, dans le

patrimoine du saisi. Quels sont donc, avant tout, quels sont les effets, la conséquence immédiate de l'exploit de saisie-arrêt? Ces effets, sont graves, nombreux, quelques-uns sont saillants, d'autres contestables; nous allons essayer de les énumérer.

Art. I. — Arrêt de la créance ou des effets saisis et affectation au payement du saisissant.

L'effet principal de la saisie-arrêt, c'est, ainsi que le nom même l'indique, d'arrêter entre les mains du tiers saisi la créance ou les effets qui en sont l'objet, de les affecter au payement de la créance du saisissant, et de mettre obstacle en conséquence à tout fait contraire à cette affectation.

I. — Nous allons d'abord laisser de côté toutes les controverses et toutes les complications résultant du concours de saisies-arrêts, les unes antérieures, les autres postérieures à un payement, à une cession, etc.

1° Le tiers saisi ne peut plus payer valablement dans les mains du débiteur saisi (1242, C. civ.). — Le tiers saisi, fût-il dépositaire, ne peut plus remettre au saisi les sommes ou effets déposés (1944, C. civ.).

Si le tiers saisi paye à la partie saisie ce qu'il lui doit, ce payement ne pourra être valable que pour ce qui excède les causes de la saisie. — Si le payement est total, le tiers saisi sera tenu de payer une deuxième fois au saisissant, fût-il même de bonne foi. Et la somme qu'il payera ainsi sera toujours considérée à l'égard du saisissant comme la créance elle-même du saisi sur laquelle pèse l'opposition; en un mot, il ne s'opère aucune novation, et le tiers saisi ne devient pas le débiteur direct du saisissant.

Cependant, s'il avait payé un autre créancier que le

saisissant et que ce créancier eût un privilége qui absorbât la créance, comme le saisissant n'éprouverait en somme aucun préjudice, il ne pourrait se plaindre (1). Mais il est toujours dangereux pour le tiers saisi de se constituer ainsi juge des oppositions formées entre ses mains. En tout cas, il ne peut être forcé par les créanciers privilégiés ou hypothécaires de les payer de suite, au mépris des oppositions faites entre ses mains. Ainsi l'acquéreur d'un immeuble ne devra payer entre les mains des créanciers hypothécaires, que si ces créanciers lui rapportent mainlevée de la saisie-arrêt (2). — La Cour de cassation a jugé, avons-nous vu, que dans le cas où le Trésor a privilége sur les deniers existant entre les mains d'un tiers, non-seulement il n'est pas nécessaire pour lui de procéder par voie de saisie-arrêt, mais que le percepteur peut en obtenir la délivrance sur sa simple demande, lors même qu'il existerait des oppositions précédemment faites par d'autres créanciers du contribuable. Le tiers saisi devra donc en ce cas payer, sans que le saisissant puisse se plaindre (3).

Cette prohibition de payer au préjudice du saisissant existe aussi pour l'État tiers saisi (art. 0 du décret du 18 août 1807). Mais lorsque les mandats de payement ont été délivrés par le Trésor, ils deviennent de véritables titres à vue, et ne sont plus susceptibles d'être saisis-arrêtés valablement. Ce n'est d'ailleurs que le Trésor qui peut se prévaloir de cette disposition, et si le payement n'est pas encore fait, il peut ne pas payer et faire ainsi produire son effet à l'opposition (4).

(1) Cass., 29 décembre 1811.
(2) Roger. — *Contra :* Cass., 28 juillet 1857 — Douai, 17 mars 1858.
(3) Cass., 21 avril 1819.
(4) Dumesnil, *Trésor public*, n° 79.

Le tiers saisi devra donc se refuser à payer au saisi, si celui-ci ne lui apporte mainlevée de la saisie, ou si la procédure que nous avons indiquée à propos des mainlevées n'a été faite. Il ne doit pas non plus payer au saisissant tant que celui-ci n'a pas fait prononcer, le saisi dûment assigné, sur la validité de l'opposition. Mais le saisi, en consentant une délégation parfaite au saisissant, peut forcer le tiers saisi à payer, car il y a novation par changement de créancier. — Il faut une délégation véritable qui opère saisine au profit du saisissant ; ainsi le consentement de la partie saisie à ce que le tiers saisi garde entre ses mains une somme égale au montant de la créance du saisissant, pour lui être payée dans le cas où la saisie-arrêt serait validée par justice, non plus que le consentement du saisi à ce que le tiers verse entre les mains du saisissant toutes les sommes qui peuvent lui être dues, accepté par ce dernier et notifié au tiers avec défense de payer à d'autres, ne constitue ni un transport de créance, ni une délégation qui opère saisine au profit du saisissant, et d'autres créanciers peuvent former des saisies tant que le tiers ne s'est pas libéré (1).

Le tiers saisi est-il donc obligé de garder les fonds ? Non, ce serait rendre sa condition pire : il peut faire des offres réelles et consigner (817, C. proc.) en dénonçant les oppositions à son créancier. C'est même le meilleur moyen pour le tiers saisi de se mettre à l'abri des inconvénients que peut entraîner contre lui la saisie-arrêt et la présence des fonds entre ses mains. En effet, tant qu'un jugement ne lui a pas ordonné de vider ses mains en celles du saisissant, le saisi conserve toujours ses droits et peut le poursuivre ;

(1) Cass., 9 janvier 1838 — Toulouse, 19 mars 1853.

d'autre part, de nouvelles saisies peuvent être faites qu'il lui faudrait peut-être débattre devant le tribunal. — Il consignera donc ; mais devra-t-il faire des offres réelles auparavant? L'art. 1257, C. civ., l'exige pour rendre la consignation valable et libératoire, et le saisi lui-même doit y tenir, car la consignation entraîne contre lui des conséquences fâcheuses telles que la difficulté de retirer les fonds et une perte d'intérêts sensible, puisque la Caisse des consignations ne donne que 3 0/0 (1). Nous croyons donc que c'est à tort que la Cour d'Orléans a jugé que ces offres étaient inutiles et qu'elles devaient rester à la charge du tiers saisi comme frustratoires. — La procédure d'offres doit être dirigée contre le saisi et non contre le saisissant. Il importe, toutefois, de mettre en cause les saisissants, sans quoi ils pourraient attaquer le jugement de validité des offres par la tierce opposition. Mais aux termes de l'art 1259, C. civ., il n'est pas nécessaire pour la validité de la consignation qu'elle ait été autorisée par le juge.

D'après une ordonnance du 16 septembre 1837, les payeurs, agents ou préposés chargés d'effectuer des payements à la décharge de l'État peuvent se libérer en versant à la Caisse des consignations les sommes arrêtées entre leurs mains. Le versement doit être fait d'office et n'a pas besoin d'être précédé d'offres réelles.

La saisie-arrêt, formée entre les mains du débiteur d'une rente sur les arrérages de cette rente, frappe non-seulement les arrérages, mais encore le capital (2). Toutefois, cette proposition doit être entendue en ce sens que le rembourse-

---

(1) Pigeau — Chauveau — Roger ; — Limoges, 4 février, 1847 — Paris, 26 décembre 1853. — *Contra*, Orléans, 17 janvier 1854.

(2) Règlement de 1666 placé à la suite de la Coutume de Normandie — Thomine, t. II, p. 57.

ment ou le rachat de la rente ne peut se faire que sous réserve des droits du créancier saisissant. Jusqu'à ce que le capital ait produit les arrérages nécessaires pour payer les causes de la saisie, il devra rester entre les mains du tiers ou du moins être consigné par lui. Il en serait de même au cas de cession du capital, c'est-à-dire du droit à la rente; le cessionnaire ne pourra toucher les arrérages qu'après le désintéressement du créancier saisissant.

Les effets de l'opposition entre les mains des locataires et fermiers en cas de saisie immobilière sont réglés par l'art. 685, C. proc., qui porte : « Les loyers et fermages
» sont immobilisés à partir de la transcription de la saisie
» pour être distribués avec le prix de l'immeuble par ordre
» d'hypothèque. Un simple acte d'opposition, à la requête
» du poursuivant ou de tout autre créancier, vaudra saisie-
» arrêt entre les mains des fermiers ou locataires, qui ne
» pourront se libérer qu'en exécution de mandements de
» collocation ou par le versement des loyers ou fermages à
» la Caisse des dépôts et consignations. Ce versement aura
» lieu à leur réquisition ou sur la simple sommation des
» créanciers. A défaut d'opposition, les payements faits au
» débiteur seront valables, et celui-ci sera comptable comme
» séquestre judiciaire des sommes qu'il aura reçues. » — Mais ceci ne concerne que les loyers *à échoir*. Le payement des loyers *échus* antérieurement à la transcription ne pourra être empêché que par une saisie-arrêt ordinaire.

2° A partir de la saisie-arrêt, la compensation ne peut plus s'opérer à raison de la créance saisie dans l'intérêt du tiers saisi. Ainsi, après que la saisie-arrêt a été pratiquée, si le tiers saisi devient à son tour créancier de son créancier le saisi, la compensation qui eût eu lieu de droit avant la saisie-arrêt ne sera plus possible (1298, C. civ.). C'est que la compensation ne peut avoir lieu qu'entre deux dettes exigibles, et que le saisi ne peut actuellement exiger le payement des sommes arrêtées entre les mains du tiers saisi.

Mais si la saisie-arrêt ne grève pas tout ce que doit le tiers saisi, la compensation pourra se produire pour ce qui excède les causes de cette saisie. — La compensation pourrait aussi avoir lieu à la date même de la créance, si le saisissant donnait mainlevée. — Enfin, nous verrons plus loin que le tiers saisi au profit de qui la compensation eût dû se produire peut concourir avec le saisissant.

3° Toujours, comme conséquence de l'*arrêt* de la créance ou des effets saisis, le saisi ne pourra, au préjudice du saisissant, toucher ce qui lui est dû, donner quittance, ni faire remise de la dette, à moins que cette remise ne soit forcée, par exemple au cas où le tiers saisi tomberait en faillite et où il obtiendrait un concordat de ses créanciers. Il ne pourrait non plus accorder un terme pour le payement, ce qui constituerait une sorte de remise partielle; ni faire novation avec le tiers saisi, à moins que la nouvelle créance ne pût remplacer l'ancienne efficacement sans nuire aux droits du saisissant. Il ne lui est point permis enfin de disposer de cette créance en la cédant à une autre personne, soit à titre gratuit, soit à titre onéreux.

Toutefois, le payement, la remise, la cession, etc., seraient valables pour l'excédant des causes de la saisie.

Observons, à l'égard de la cession, que c'est uniquement à la date de la *signification au cédé* ou de son *acceptation,* par acte authentique, qu'il faut s'attacher pour savoir si elle est ou non opposable au saisissant qui est un tiers (1690, C. civ.); — que la cession est valable entre le cessionnaire et le saisi cédant, et que si elle s'exécute, si par exemple le tiers saisi paye entre les mains du cessionnaire, celui-ci n'est pas exposé au recours de celui-là qui sera obligé de payer deux fois, car c'est une dette du cédant qui aura été acquittée, et le cessionnaire n'en retire aucun avantage personnel. C'est donc contre le cédant, par l'action de gestion d'affaires, que le tiers saisi répétera ce qu'il aura payé deux fois. — Observons enfin que le cessionnaire est admis à concourir avec le saisissant antérieur. Nous verrons plus loin pourquoi.

La saisie faite sur le propriétaire, entre les mains du fermier ou du locataire, empêche-t-elle la résiliation du bail ? Pothier l'enseigne (1) et prétend que les loyers à échoir étant arrêtés, ce serait décharger les locataires de leurs obligations pour les années à échoir. Mais c'est là une erreur (2). La saisie-arrêt qu'un créancier pratique sur les loyers ne frappe véritablement que ce qui est échu ; elle ne frappe les loyers à échoir qu'éventuellement et autant qu'ils seront dus au saisi, en supposant que le locataire continue à jouir. Si donc le bail est résilié, le locataire cessera de devoir des loyers, sauf au créancier à faire une nouvelle saisie-arrêt, s'il le juge à propos, aux mains du locataire qui remplacera le précédent. De même si le saisi vend, le locataire devra les loyers non plus au saisi, mais bien au nouveau propriétaire. — Mais le créancier du bailleur qui a pratiqué une saisie-arrêt entre les mains des locataires sur les loyers échus et à échoir, peut, au cas de fraude, faire annuler l'acte par lequel le bailleur s'est substitué un tiers en qualité de principal locataire (3).

II. — Comme nous l'avions annoncé, nous avons sim-

(1) Pothier, *Proc. civ.*, IVe partie, chap. II, § 4.
(2) Thomine, t. II, n° 612 — Chauveau — Roger — Dalloz.
(3) Req., 5 janvier 1857.

plement raisonné jusqu'ici dans l'hypothèse d'une ou de plusieurs saisies suivies d'un payement, d'une compensation, d'une cession, etc., sans qu'il soit survenu depuis d'opposition nouvelle, et nous avons décidé en principe que l'excédant des causes de ces différentes saisies pouvait être payé, cédé, etc., ce qui ne souffre pas de difficulté, puisque le saisissant n'en éprouve aucun préjudice. Il nous faut désormais aborder la partie vraiment difficile de cette matière. Une saisie-arrêt a eu lieu, puis un transport a été signifié, ou un payement a été fait, ou une cause de compensation s'est produite, et ensuite une nouvelle saisie survient. Des intérêts opposés vont se trouver en présence ; comment les régler ? En exposant sur ce point les idées que nous croyons vraies, nous ne le faisons qu'avec la juste défiance que doit nous inspirer le désaccord régnant sur ce point entre des esprits éminents. Du moins les solutions que nous allons présenter nous paraissent avoir l'avantage de se déduire naturellement de principes nettement formulés.

I. — PREMIER PRINCIPE. — *La saisie-arrêt n'assure aucun privilége au premier saisissant : tous les opposants, au moins jusqu'au jugement déclaratif, concourent sur le montant de la créance saisie.*

Il est d'abord un point admis sans difficulté par la jurisprudence et les auteurs (1) : c'est que le premier saisissant n'a pas un droit exclusif sur la somme par lui arrêtée à l'encontre des saisissants postérieurs nantis d'une créance qui a acquis date certaine antérieurement à sa saisie, ni à l'encontre de celui qui, devenu cessionnaire antérieurement à cette saisie, n'a notifié que postérieurement la cession. —

---

(1) Toullier — Duranton — Troplong — Duvergier — Marcadé, etc. — Toulouse, 26 août 1863 — Bourges, 24 novembre 1865.

En effet, que pourrait-il dire au cessionnaire, par exemple? La cession doit être, à mon égard, considérée comme postérieure à ma saisie, elle ne m'est donc plus opposable; le saisi ne pouvait céder ce que j'avais arrêté. Le cessionnaire répondra : soit, par rapport à vous je ne suis pas un cessionnaire, mais sur le gage commun j'ai des droits égaux aux vôtres, je suis aussi créancier du cédant, car il est mon débiteur pour le prix du transport que je lui ai payé. La signification du transport faite au débiteur cédé, vaudra donc opposition ; par cette signification, le tiers saisi est mis en demeure de ne faire aucun payement au préjudice du cessionnaire. — On s'accorde aussi à reconnaître un effet semblable au cas d'une compensation empêchée par une saisie-arrêt antérieure, si la créance du tiers saisi, antérieure à la saisie, n'a acquis que depuis les qualités nécessaires pour arriver à la compensation. Quel que soit le parti que l'on adopte en général au sujet de l'admission de la saisie-arrêt sur soi-même, il serait, pensons-nous, par trop contraire à l'équité de refuser, dans ce cas particulier, ce droit au tiers saisi, et il y aurait même là un argument pour faire admettre, en principe, la possibilité de la saisie-arrêt sur soi-même. Le tiers saisi pourrait donc arriver ainsi à concourir avec le saisissant antérieur: et nous croyons même qu'il n'aurait pas besoin de former une saisie-arrêt, et qu'il suffirait d'une dénonciation de sa créance au saisi et au saisissant antérieur.

— Mais le premier créancier saisissant n'a-t-il pas un droit exclusif à l'égard de ceux qui deviennent créanciers du débiteur saisi postérieurement, ou dont le titre n'a point acquis date certaine, antérieurement à son opposition? — Certains auteurs ont prétendu que oui (1) : le débiteur,

(1) Mourlon — Chauveau — Boilard. — *Contra* : Roger — Colmet-Daage; — Orléans, 22 janvier 1861, et généralement *jurisprudence.*

disent-ils, n'a plus le droit de disposer des biens qu'une saisie-arrêt a placés sous la main de justice; or, s'il a perdu ce droit, les nouveaux créanciers ne peuvent acquérir de son chef un droit de gage sur ces mêmes biens, car celui qui s'oblige, n'engage que les choses dont il a la disposition. — Ce système viole ouvertement le principe écrit dans l'art. 2093, C. civ. Il faudrait donc accorder au premier saisissant un droit d'attribution de la créance saisie ou un privilége; or, nous avons vu que l'exploit de saisie-arrêt, du moins, ne peut avoir pour effet de faire passer au saisissant la créance du saisi; ce serait un droit d'occupation que rien n'autorise. Nulle part la loi n'attribue la saisine au premier saisissant. D'un autre côté, il ne dépend que de la loi de créer des priviléges; l'art. 178 de la Coutume de Paris en constituait un au profit du premier saisissant, et c'était, nous l'avons dit, en matière de saisie mobilière, le droit commun du royaume. Rien de semblable ne se rencontre dans nos Codes; les art. 568, 573, 575, 578 et 579, C. proc., confirment le principe posé par l'art. 2093, C. civ., et indiquent süffisamment que tous les créanciers opposants, sans distinction de date, doivent prendre part à la distribution. Suivre la doctrine contraire, c'est convertir la saisie-arrêt en véritable expropriation, c'est tarir pour le débiteur toute source de crédit, c'est créer pour le premier saisissant un privilége que la loi n'admet pas.

Ainsi, pour ne parler que du cas de concours entre un créancier saisissant et un cessionnaire, nous dirons que le transport fait et signifié postérieurement à une saisie-arrêt vaut à l'égard du créancier antérieur tout au moins comme opposition. — Il faut, croyons-nous, reconnaître un effet semblable au cas d'une compensation empêchée par une saisie-arrêt antérieure, alors même que la créance du tiers

saisi est née seulement depuis cette saisie-arrêt. Tout ceci soit
dit sous la réserve du principe : *Fraus omnia corrumpit.*

Deuxième principe. — *L'opposition d'un créancier
arrête entre les mains du tiers saisi ce qu'il doit au
saisi, mais seulement* jusqu'à concurrence des causes
de la saisie; *l'excédant peut donc être valablement
payé, transporté, etc.*

Il est de principe en matière de saisie que les biens saisis
soient frappés d'une indisponibilité complète. On admet généralement que ce principe s'applique à la saisie-arrêt quand
elle porte sur des *objets corporels.* — Cette solution s'explique particulièrement par la difficulté qu'il y aurait d'é-
valuer ces objets, par la rareté des saisies-arrêts de ce
genre, et par la ressemblance qu'elles ont avec la saisie-
exécution.

Mais bien que la question soit vivement controversée,
nous n'hésitons pas à admettre, quand il s'agit de saisie-
arrêt sur *une créance de somme d'argent,* c'est-à-dire
dans la majorité des cas, que *l'opposition ne produit d'effet
que jusqu'à concurrence de ses causes.*

L'ancien droit était divisé sur ce point, avons-nous vu,
et on ne saurait en argumenter contre nous; l'intérêt de la
question était d'ailleurs moins grand à cause du droit de
préférence du premier saisissant. — En dehors de là, et en
dehors de ce principe incontestable que les sommes saisies
restent dans le patrimoine du saisi, nous pouvons invoquer
en faveur de notre opinion divers articles du Code civil ou
du Code de procédure. — Le texte de l'art. 1242, C. civ.,
nous semble repousser complétement l'idée de l'indisponibilité
absolue : « Le payement fait par le débiteur à son créancier
» au préjudice d'une saisie, dit cet article, n'est pas valable
» *à l'égard des créanciers saisissants ou opposants.* »

Cet article ne veut-il pas dire que le saisi peut disposer de sa créance valablement à l'égard de tous autres que les *créanciers saisissants*, et que, par conséquent, les saisies qui ont eu lieu postérieurement au transport ou au payement ne peuvent avoir d'effet sur ce qui a été payé ou transporté et qui n'est plus dans le patrimoine du saisi? — L'art. 1298. C. civ., dispose de même en cas de compensation. La compensation, dit-il, n'a pas lieu au préjudice des droits acquis à un tiers; le tiers saisi ne peut l'opposer *au préjudice du saisissant.* — Si nous prenons maintenant le Code de procédure, nous y trouvons la consécration des mêmes principes : « L'exploit de saisie-arrêt, dit l'art. 559, contiendra l'énon-» ciation de la somme pour laquelle elle est faite. » Cette disposition a un double but : d'abord, de mettre le saisi à même de connaître pour quelle somme on le poursuit, et ce qu'il faut pour désintéresser le saisissant, notamment s'il veut faire des offres réelles; ensuite, de ne paralyser la somme due par le tiers que jusqu'à concurrence des causes de la saisie, car on comprend qu'il importe, non-seulement à l'intérêt du saisi, mais encore à la facilité des transactions, surtout en matière commerciale, que pour une créance quelquefois minime, un créancier n'aille pas frapper d'indisponibilité une somme fort importante.

Mais, nous dit-on, votre argument de l'art. 559 laisse à désirer, car il faut bien songer que la saisie-arrêt ne s'applique pas seulement à des créances de sommes d'argent, mais encore à des effets mobiliers détenus par un tiers. Si l'énonciation du montant de la créance a été exigée afin de permettre le payement de l'excédant, il faut que cela s'applique à tous les cas de saisie-arrêt, car l'art. 559 s'applique également à tous les cas, ou bien il faut appliquer seulement, au cas où il s'agit d'une somme d'argent, la res-

triction proposée aux effets de la saisie, et c'est une concession et une inconséquence. — Eh bien, nous faisons
cette concession : nous avons mis de côté les saisies-arrêts
sur effets mobiliers, et nous avons dit pourquoi on doit leur
appliquer le principe de l'indisponibilité totale; du reste,
c'est l'ordinaire, en matière de saisie-arrêt, que ces objets
soient régis par des règles spéciales, et nous verrons plus
loin que la jurisprudence, en décidant que le jugement de
validité opère *transport saisine* au profit du saisissant, n'a
jamais entendu parler des objets en question.

Mais à supposer que ce soit une inconséquence, n'êtes-
vous point obligés d'en commettre une aussi? Que devient
dans votre système l'art. 4 du décret du 18 août 1807, qui,
reproduisant les dispositions des lois du 30 mai 1793 et de
pluviôse an XI, porte « que les saisies-arrêts faites entre
» les mains des dépositaires de deniers publics ne vaudront
» que *jusqu'à concurrence des causes de l'opposition?* »
Cet article est formel, et vous devez, au moins quant à lui,
faire une concession; alors que devient votre règle générale?

Pour nous, nous pensons que ce décret de 1807, en reproduisant sur ce point les dispositions des lois précitées,
consacre les principes admis par le Code civil et par le Code
de procédure.

Ajoutons enfin que la jurisprudence et les auteurs
modernes admettent presque unanimement cette opinion (1),
et ne se divisent que sur la question de répartition que nous
verrons plus loin.

(1) Pigeau — Delvincourt — Chauveau — Roger — Marcadé, etc. —
Orléans, 11 mai 1859 — Bourges, 24 novembre 1863 — Cass., 23 août 1869 —
Caen, 15 mai 1871. — *Contra :* Parlement de Paris, 8 mars 1760 — Denisart,
Transport, n° 10 — Thomine — Bourdou — Demolombe, etc.

— Nous arrivons ainsi à formuler un troisième principe qui découle des deux premiers et n'a point besoin d'être démontré.

TROISIÈME PRINCIPE. — *Le payement, le transport, etc., ne peuvent nuire en rien au saisissant antérieur; les saisissants postérieurs, au contraire, ne peuvent prétendre à rien de ce qui a pu être valablement payé, cédé, etc.*

II. — Ces principes posés, comment faire la répartition de la somme due par le tiers saisi, en prenant d'abord l'hypothèse suivante : transport — première saisie-arrêt — signification du transport — saisie-arrêt postérieure?

Il y a un nombre illimité de systèmes sur cette question ; nous n'avons pas la prétention de les discuter tous, et nous ne ferons que mentionner ceux qui sont contraires à l'un des principes précédents.

PREMIER SYSTÈME. — *La saisie-arrêt place sous la main de la justice et frappe d'indisponibilité toutes les sommes dues par le tiers saisi; — la cession n'est pas valable en tant que cession, mais elle vaut comme opposition. Les sommes dues par le tiers saisi seront donc partagées au marc le franc de leurs créances entre le premier saisissant, le cessionnaire et le saisissant ultérieur.* — C'est le système de l'*indisponibilité totale* admis autrefois par le Parlement de Paris et professé aujourd'hui notamment par M. Demolombe. Tous les systèmes qui suivent reconnaissent d'abord notre deuxième principe.

DEUXIÈME SYSTÈME. — *La première saisie-arrêt vaut seulement jusqu'à concurrence des causes de l'opposition. L'excédant a donc pu être valablement transporté au cessionnaire. — Les créanciers saisissants anté-*

rieurs ou postérieurs à la signification du transport, doivent se partager par contribution la somme pour laquelle la première saisie-arrêt a été pratiquée (1). — Ce système lèse le premier saisissant à l'égard duquel la cession est non avenue et viole, par conséquent, le troisième principe.

Troisième système. — C'est le même que le deuxième, avec cette modification : *la contribution une fois opérée entre tous les opposants, on accorde au saisissant antérieur à la signification du transport un recours contre le cessionnaire : on prélève sur la part de ce dernier pour le donner au premier saisissant, ce que celui-ci n'a pas reçu sur le montant de sa créance par suite des oppositions postérieures à la signification* (2). — Ce système préjudicie aux droits du cessionnaire à l'égard duquel les saisies postérieures à la cession ne sont pas valables. Il viole le troisième principe.

Quatrième système. — *Le saisissant antérieur au transport profite exclusivement de la somme pour laquelle il a saisi. Le cessionnaire obtient tout ce qui excède les causes de cette opposition, et les saisissants postérieurs à la signification du transport ne peuvent rien réclamer au préjudice ni du premier saisissant ni du cessionnaire* (3). — Ce système, fort simple d'ailleurs, viole ouvertement le premier principe en attribuant au premier saisissant un privilége sur la somme arrêtée, à

(1) Guadeloupe, 16 mai 1831.

(2) Ce système semble être, avec le suivant, celui qui est le plus généralement adopté par la jurisprudence, et particulièrement par la Cour de Paris. — Paris, 30 mai 1833; 9 février 1837; 18 mars 1839; 26 juillet 1843 — Lyon, 11 juillet 1857. — Pigeau — Delvincourt — Chauveau.

(3) Nîmes, 10 janvier 1831 — Orléans, 11 mai 1859 — Cass., 23 août 1869 — Caen, 15 mai 1871. — Roger — Duvergier — Duranton.

l'encontre des saisissants postérieurs. Il le fait en outre profiter du transport, car s'il n'y avait pas eu de transport, il
est évident que tous les créanciers saisissants se seraient
partagés au marc le franc les sommes saisies. Les saisissants
postérieurs doivent certainement prendre part à la répartition; il est possible que leur négligence et le retard qu'ils
ont mis à faire opposition leur préjudicie et fasse qu'ils
auront moins qu'ils n'auraient eu; mais ce n'est pas une
raison pour les exclure.

— Il nous reste à exposer trois systèmes entre lesquels
l'hésitation est possible et qui se formulent chacun en trois
propositions, la première proposition étant commune aux
trois.

CINQUIÈME SYSTÈME. — 1° *Donner au premier saisissant ce qu'il eût reçu si le cessionnaire n'avait été qu'un
créancier opposant; il sera colloqué sur la somme
totale due par le tiers saisi, au marc le franc de sa
créance (le cessionnaire et les opposants ultérieurs ve-
nant au concours avec lui dans cette première opération).*

2° *Donner au cessionnaire ce qu'il eût reçu dans
une contribution ouverte entre lui et le premier saisissant (en faisant abstraction du dernier saisissant).*

3° *Donner au dernier saisissant ce qui reste de la
somme à partager* (1).

Prenons un exemple : soit 3,000 fr. dus par le tiers saisi;
— une première opposition pour 1,500 fr.; — un transport
de 3,000 fr.; — enfin une saisie de 1,500 fr.

Par la première opération, le premier saisissant a 750 fr.
(3,000 fr. à partager, 6,000 fr. de créances à colloquer, le

(1) Mourlon.

dividende est de 750 fr. pour 1,500 fr.), — le cessionnaire, par la seconde opération, a 2,000 fr. (3,000 fr. à partager, les 1,500 fr. du premier saisissant et les 3,000 fr. du cessionnaire faisant 4,500 fr. de créances à colloquer, son dividende pour 3,000 fr. est de 2,000 fr.); — le dernier saisissant aurait 250 fr.

Ce système, exact à l'égard du premier saisissant, ne l'est pas pour le cessionnaire et le dernier saisissant.

M. Mourlon raisonne ainsi : la cession doit produire tout son effet à l'égard des créanciers dont la saisie n'existait pas à l'époque de la signification de la cession, il en résulte que les saisies postérieures à la signification doivent, quant au cessionnaire, être considérées comme inexistantes. En conséquence, son dividende sera sur les 3,000 fr. le marc le franc entre lui et le premier saisissant, soit 2,000 fr. — Mais, le cessionnaire, comme cessionnaire, ne peut avoir que 1,500 fr., puisqu'il n'y avait que 1,500 fr. susceptibles de cession; dans les 1,500 autres francs pour lesquels il n'est que créancier opposant, il ne peut avoir 500 fr., tandis que le dernier créancier de la même somme et au même titre, n'aurait que 250 fr. — Il faut donc recourir à un autre mode de répartition.

Sixième système. — 1° Comme précédemment;

2° *Donner au cessionnaire ce qui n'a pas été arrêté par la première saisie;*

3° *Donner l'excédant aux saisissants postérieurs* (1).

Supposons que la somme due par le tiers saisi soit de 3,000 fr. Première saisie antérieure à la signification du transport faite pour 1,500 fr. ; — cession de 3,000 fr. et

____

(1) Marcadé.

signification ; — saisies pratiquées postérieurement à la signification du transport pour 4,500 fr. — Voici l'opération
à faire : pour avoir le dividende du premier, additionner
les trois créances (ici, le cessionnaire ne doit figurer que
comme saisissant), et donner au premier saisissant une part
calculée au marc le franc sur cette somme. La somme des
créances étant ici 9,000 fr., le dividende est de 33 0/0. Le
premier saisissant recevra donc 500 fr. pour sa créance
de 1,500 ; — le cessionnaire prendra les 1,500 fr. qui
excèdent les causes de la première saisie ; — les derniers
saisissants auront pour leurs 1,500 fr. les 1,000 fr. qui
restent.

On fait observer dans ce système, qu'il peut arriver que
le mode de répartition varie. En effet, si la première saisie
a été pratiquée pour une somme importante, au lieu d'invoquer sa qualité de cessionnaire, celui-ci pourra demander
que la répartition se fasse comme s'il était créancier saisissant ;
car, si la première saisie a arrêté la totalité ou la presque
totalité de la somme due par le tiers, comme cessionnaire,
il n'aurait droit qu'à ce qui excéderait les causes de cette
saisie, et alors ce ne serait rien ou presque rien. Il aura
intérêt à être traité comme opposant, puisque alors il prendra
un dividende proportionné au chiffre de sa créance. Dans ce
cas, la répartition est une simple distribution au marc le
franc. — Ce système se rapproche beaucoup de la vérité,
mais, selon nous, il n'est pas encore tout à fait exact. A l'égard
du premier s.... ....ant, il nous semble à l'abri de toute
critique ; mais à l'égard du cessionnaire et des opposants postérieurs, nous croyons qu'il donne trop peu à celui-là, pour
donner trop à ceux-ci.

SEPTIÈME SYSTÈME. — Voici un septième système que
nous adoptons. Il ne diffère du précédent que par sa troi-

sième proposition que voici : *Au lieu de donner l'excédant aux derniers saisissants, le partager au marc le franc entre ces derniers et le cessionnaire figurant alors comme saisissant pour le surplus de son transport* (1).

Ainsi, dans le système précédent, 3,000 fr. étant à partager, le premier saisissant, pour 1,500 fr., a 750 fr.; le cessionnaire, pour 3,000 fr., a 1,500 fr., et le dernier saisissant, pour 1,500 fr., a 750 fr. Nous croyons que celui-ci a trop et celui-là trop peu.

En effet, pour faciliter la compréhension de notre opinion, au lieu d'un transport unique de 3,000 fr. intermédiaire entre les deux saisis, supposons deux transports faits dans le même intervalle à deux individus différents, chacun de la somme de 1,500 fr. Le premier saisissant aura toujours la même collocation, 750 fr.; le premier cessionnaire sera intégralement payé, 1,500 fr.; le second cessionnaire ne peut venir comme cessionnaire, puisqu'il n'y avait que 1,500 fr. de disponibles et qu'ils ont été cédés; mais il doit au moins venir comme saisissant, et il dira aux saisissants postérieurs : il y a déjà 2,250 fr. d'absorbés par le premier saisissant et le premier cessionnaire; il reste 750 fr. que vous n'avez pas le droit de prendre à vous seuls. Nous devons les partager au marc le franc. Nous avons chacun une créance de 1,500 fr.; prenons chacun 375 fr. — Eh bien, au lieu de supposer deux cessionnaires, il n'y en a qu'un de 3,000 fr. Pourquoi les choses ne se passeraient-elles pas de même, et n'est-ce pas ne pas donner assez au cessionnaire que de lui donner 1,500 fr., quand il a droit à 1,875 fr.? Ainsi le premier opposant aura 750 fr.; le cessionnaire 1,875 fr., et le dernier opposant 375 fr.

(1) Ce système semble avoir été adopté par M. Vielle, *Rev. critique*, t. III, p. 113 et suiv. — Angers, 19 août 1848 — Roger, II⁰ édition.

Ce système s'appuie sur l'art. 1242, combiné avec les art. 2093 et 2094, C. civ. En effet, le dernier créancier ne pourrait dire que le principe posé dans l'art. 2093 est violé en faveur du premier saisissant qui a 750 fr., tandis que lui n'en a que 375. On lui répond : non, le premier n'a pas une part privilégiée ; si vous avez moins que lui, ce n'est pas sa part qui s'est accrue, c'est celle du cessionnaire qui diminue la vôtre. Et réellement vous n'avez pas moins que lui ; vous avez proportionnellement autant ; seulement le gage se trouvait être de 3,000 fr. quand il a saisi ; il n'était plus que de 1,500 fr. quand vous avez formé votre opposition. Il est donc juste que votre part soit la moitié de la sienne, puisque le transport est venu réduire de moitié la somme sur laquelle vous devez toucher votre dividende.

Mais le cessionnaire qui n'a touché qu'une portion de la somme qui lui a été cédée à cause de l'opposition antérieure à la notification de son transport, ne saurait demander, après avoir prélevé ce que la première saisie n'a pas arrêté, et qui, dès lors, a pu lui être valablement transporté, à venir en concours sur ce qui reste à partager avec le saisissant antérieur à cette notification. — Les saisissants antérieurs seraient alors frustrés et souffriraient d'un transport postérieur à leur saisie.

— Nous savons que si une saisie et un transport sont signifiés le même jour sans qu'on puisse savoir lequel des deux actes a précédé l'autre, la somme doit être distribuée par contribution entre le cessionnaire et le saisissant. Ainsi, 3,000 fr. à partager ; saisie pour 1,000, et transport de 3,000 simultanés ; le saisissant aura 750 fr., le cessionnaire 2,250 fr.

Si des saisies venaient à être formées sur cette somme ultérieurement après la signification du transport, voici comment il faudrait résoudre la difficulté d'après les principes ci-dessus. Le transport a saisi et investi le cessionnaire; le dividende qu'il reçoit par l'effet du concours lui appartient irrévocablement. — D'autre part, la somme saisie-arrêtée par le premier saisissant est le gage commun de tous les créanciers du saisi, et on doit partager son dividende par contribution entre lui et les saisissants postérieurs. Si donc il y a saisie postérieure pour 2,000 fr., le cessionnaire recevra toujours 2,250 fr., le premier saisissant 500 fr. et le dernier 250 fr.

Si la première opposition était nulle, le transport signifié ou accepté serait valable et produirait ses effets au préjudice des saisies-arrêts formées postérieurement à son acceptation ou à sa signification, car un acte nul, dit M. Bioche, ne peut pas plus profiter aux tiers qu'à celui dans l'intérêt de qui il a été fait (1).

— Lorsqu'un transport a été signifié après une première saisie, si cette saisie vient à être éteinte par la mainlevée du créancier saisissant donnée depuis la cession, ce transport est parfaitement valable à l'égard des créanciers dont l'opposition n'aurait été formée qu'après cette extinction, et ces derniers ne sauraient se prévaloir de la première saisie comme formant obstacle à l'efficacité de la cession (2).

Mais si ces oppositions sont formées avant la mainlevée du premier saisissant, les droits des derniers opposants sont conservés sur la somme frappée d'indisponibilité par l'effet de la première saisie; et ce ne sera que sur ce qui excède les causes de cette première opposition que le cessionnaire pourra faire valoir son transport; en effet, la somme frappée d'in-

(1) Bioche, *Dict. de proc.*, n° 238. — *Contra*, Paris, 30 mai 1835.
(2) Grenoble, 19 novembre 1847.

disponibilité par la première saisie est devenue le gage commun des divers créanciers opposants, et le fait de la mainlevée des premiers ne peut préjudicier aux derniers (1).

En raisonnant donc dans l'hypothèse suivante : 3,000 fr. dus par le tiers saisi, première opposition pour 1,500 fr. — cession de 3,000 fr. opposition postérieure pour 1,500 fr. — le premier saisissant aurait eu 750 fr., le cessionnaire 1,875 fr., et le dernier saisissant 375 fr. Si le premier saisissant donne mainlevée, le cessionnaire aura $1,875 + 750 = 2,625$ fr.; il reçoit en plus ce qu'aurait pris le premier saisissant s'il n'eût pas donné mainlevée, car il y a droit, puisque, par le fait de la mainlevée, son transport peut s'opérer sur cette somme devenue libre. Le dernier saisissant aura toujours 375 fr., car le fait de la mainlevée ne peut lui profiter, puisque c'est le cessionnaire qui en a le bénéfice, ni lui nuire, puisque la somme arrêtée était le gage commun de tous les créanciers opposants.

III. — Voilà comment se fait la répartition pour le cas d'une *cession*. — Au cas de *compensation*, les choses se règlent absolument de la même façon si l'on admet que le tiers saisi vient lui-même concourir pour sa créance.

S'il s'agit d'*un payement*, voici comment se fera la répartition en prenant toujours le même exemple que précédemment : 3,000 fr. dus par le tiers saisi — première opposition pour 1,500 fr. — payement de 3,000 fr. et saisie postérieure pour 1,500 fr. Nous avons 3,000 fr. à partager et 4,500 fr. de créances à colloquer. Le premier saisissant aura 1,000 fr., le saisi les 1,500 fr. qui ont pu être valablement payés et auxquels il a droit; le dernier saisissant 500 fr. — Au lieu d'un payement, suppose-t-on une *remise de la dette,* il faudra appliquer absolument les mêmes calculs, en considérant comme payé ce dont remise a été faite. — S'il s'agit de la *concession d'un terme,* les choses sont encore plus simples : la contribution s'établira sur la totalité, et le terme ne sera opposable que pour ce qui reviendra aux saisissants postérieurs.

Observation. — Nous avons toujours supposé jusqu'ici qu'il s'agissait d'une créance de sommes d'argent. Si la saisie-arrêt avait frappé des *effets mobiliers,* voici les règles qu'il faudrait suivre :

La première saisie-arrêt, quelles que soient ses causes, frappe d'une indisponibilité complète tous les objets dont le tiers saisi est détenteur et conserve par conséquent sur ces objets, jusqu'à concurrence de leur valeur, les droits des saisissants subséquents. — Le tiers saisi ne peut donc rien abandonner des objets arrêtés entre ses mains, sinon il est responsable, comme nous l'avons dit précédemment, vis-à-vis des saisissants, jusqu'à concurrence de la valeur de ces objets. — Le saisi, de son côté, ne peut disposer en aucune façon des objets arrêtés. — Mais les tiers de bonne foi, mis en possession par le tiers saisi, nonobstant la prohibition qui lui est faite, seraient protégés contre tout recours par l'art. 2279, C. civ.

Art. II. — Des autres effets de la saisie-arrêt avant le jugement de validité.

Les effets dont nous allons parler sont la conséquence, les uns de l'exploit de saisie-arrêt, les autres de la dénonciation de la saisie et de la demande en validité.

I. — Nous avons dit qu'une saisie-arrêt avec dénonciation et assignation en validité était un véritable acte

d'exécution ; par conséquent, nous pensons que lorsqu'une saisie-arrêt est ainsi pratiquée par suite d'un jugement par défaut, dans les six mois de son obtention, ce jugement ne peut être réputé non avenu faute d'exécution (156, C. proc.),
— Il a été jugé aussi que l'assignation en validité au domicile du saisi peut être considérée comme un acte par lequel il a dû connaître l'exécution du jugement par défaut, de manière à n'avoir plus le droit d'y faire opposition (1) (159, C. proc.).

II. — On s'est demandé si la saisie-arrêt avait pour effet d'interrompre la prescription. La question ne nous semble pas douteuse en présence de l'art. 2244, C. civ. (2). Seulement, l'interruption ne résultera pas de l'exploit de saisie, mais de la dénonciation qui en sera faite au débiteur saisi.
— Toutefois, l'exploit de saisie pourrait être interruptif de prescription, mais ce serait à l'égard de la créance du saisi et non de celle du saisissant.

III. — L'exploit de saisie-arrêt ne fait pas courir les intérêts des sommes dues par le tiers saisi, il met seulement ces sommes, telles qu'elles sont, sous la main de justice. Il n'y a que la consignation que le saisissant ou le saisi peut exiger qui rende les sommes saisies productives d'intérêts.
— L'assignation en validité au saisi fait aussi courir les intérêts de la somme qu'il doit au saisissant.

IV. — Selon Bioche (3), il faut considérer la saisie-arrêt pratiquée sur les fermages d'un immeuble comme un trouble apporté à la possession du propriétaire suffisant pour donner lieu à l'action en complainte en faveur de ce propriétaire.

(1) Nîmes, 27 avril 1809.
(2) Besançon, 28 avril 1875.
(3) *Action possessoire*, n° 33 — Cass., 10 octobre 1811.

SECTION II.

EFFETS DE LA SAISIE-ARRÈT APRÈS LE JUGEMENT DE VALIDITÉ.

Art. 579 : « Si la saisie-arrêt est déclarée valable, il sera
» procédé à la vente et à la distribution du prix comme il
» sera dit au titre de la distribution par contribution. »

Dès que le jugement a validé la saisie-arrêt, le saisi ne
peut plus contester la créance pour laquelle elle est validée.
De même le tiers saisi ne peut plus se libérer qu'en payant
ès mains du créancier dont la saisie a été validée. Le saisissant peut agir contre lui comme il aurait pu le faire directement contre le saisi.

Il importe de remarquer ici l'art. 548, C. proc. : « Les
» jugements qui prononceront mainlevée ou radiation
» d'inscription hypothécaire, un payement ou quelque autre
» chose à faire par un tiers ou à sa charge, ne seront exé-
» cutoires par les tiers ou contre eux-mêmes, *après les*
» *délais de l'opposition ou de l'appel*, que sur le certi-
» ficat de l'avoué de la partie poursuivante contenant la
» date de la signification du jugement, faite au domicile
» de la partie condamnée et sur l'attestation du greffier
» qu'il n'existe contre le jugement ni opposition, ni appel. »

On y voit que le tiers saisi doit, avant de payer, se faire
présenter un certificat de l'avoué et du greffier constatant
qu'il n'y a ni opposition, ni appel, et cela ne suffit pas, il
faut encore, croyons-nous, pour qu'il puisse délivrer les
sommes dont il est détenteur, que les *délais d'opposition
ou d'appel soient expirés* (1). Les mots *même après les*

<hr>

(1) Bioche — Boitard — Chauveau. — Martinique, 19 mars 1842 —
Bordeaux, 9 décembre 1858. — *Contra :* Pigeau — Roger — Thomine.

délais d'opposition ou d'appel signifient que la production des certificats exigés est nécessaire et qu'on ne saurait s'en dispenser, même en justifiant que ces délais sont expirés. L'esprit de la loi, en effet, est que le tiers ne coure aucune éventualité, aucune chance de payer deux fois. L'art. 548 exige d'ailleurs que le certificat porte la *date* de la signification du jugement, ce qui permet au tiers saisi de vérifier exactement si les délais sont expirés. Si ces délais n'étaient pas expirés, il pourrait se trouver responsable même avec la production des certificats, car l'appel pourrait être interjeté après leur délivrance et avant l'expiration des délais.

Toutefois, au cas de jugements par défaut qui tombent en péremption, faute d'exécution dans les six mois de leur obtention, comme l'exécution par le tiers est quelquefois la seule dont ils soient susceptibles, il faut reconnaître avec M. Chauveau que, dans ce cas, le tiers ne pourrait demander à attendre l'expiration des délais de l'opposition qui, à l'égard de ces jugements, se prolongent jusqu'à l'exécution même.

Le tiers saisi doit exiger les certificats alors même que le jugement est exécutoire par provision, car l'art. 135, C. proc., est modifié par l'art. 548, qui règle spécialement les payements à faire par des tiers en vertu de jugements où ils n'ont pas figuré. On a voulu éviter par là que le saisi créancier véritable ne vît échapper sa créance sans recours possible contre le tiers qui aurait payé (1). — Mais si le tiers saisi a été partie au jugement exécutoire par provision, l'art. 135 lui est seul applicable et non plus l'art. 548.

Le tiers saisi, s'il a plusieurs oppositions entre les mains,

_____

(1) Dalloz — Bioche — Grenoble, 8 février 1849. — *Contra :* Thomine, — Chauveau — Bordeaux, 21 août 1839.

ne doit payer le créancier porteur d'un jugement d'attribution qu'autant que ce jugement a été rendu avec tous les opposants.

Le jugement qui déclare une saisie-arrêt valable ne donne pas au saisissant des droits autres ni plus étendus que ceux qui appartiennent au saisi (1). Le tiers saisi n'est déchu du bénéfice du terme qu'il avait que lorsque par sa faute il s'est laissé déclarer débiteur pur et simple des causes de la saisie ; il peut arriver aussi dans ce cas qu'il soit tenu de payer aux saisissants au delà de ce qu'il doit au saisi.

Le jugement de validité n'opère pas *noration* dans la dette du saisi envers le saisissant. Il y a plutôt *délégation impar-faite* (art. 1275, C. civ.), car le saisissant ne donne pas décharge au saisi et reçoit le tiers saisi comme débiteur. Le saisi reste toujours propriétaire des choses arrêtées, jusqu'à ce que les saisissants les aient partagées entre eux ; il reste créancier des sommes saisies, à moins que le tiers saisi ne les ait consignées (2).

Le tiers saisi, en payant, se libère et libère également le saisi, du moins, jusqu'à concurrence des sommes payées aux saisissants par suite du jugement de validité. Mais il ne libère que lui-même lorsque, sans rien devoir au saisi, il est cependant tenu de payer comme débiteur pur et simple des causes de la saisie, à défaut de déclaration dans les délais légaux. — Dans ce dernier cas, étant obligé de payer pour un autre, il a la subrogation légale de l'art. 1251, C. civ. ; car quoique ce soit par sa faute qu'un jugement l'a déclaré débiteur pur et simple des causes de la saisie, néanmoins ce jugement l'a déclaré tenu des dettes du saisi et l'a placé

(1) Cass., 21 mars 1806 — 13 novembre 1877.
(2) Pigeau, t. I, p. 631.

dans la position exigée par l'art. 1251, C. civ., pour pouvoir invoquer la subrogation légale.

— Nous avons vu *supra* que la saisie-arrêt ne confère point de privilége au premier saisissant; mais lorsqu'un jugement a déclaré valable une saisie-arrêt, et a ordonné que le tiers saisi viderait ses mains dans celles du saisissant, d'autres créanciers peuvent-ils saisir-arrêter les mêmes sommes pour en faire ordonner la distribution? En d'autres termes, les effets du jugement de validité sont-ils tels qu'ils opèrent *transport et saisine* au profit du saisissant, de telle sorte que, par ce transport judiciaire, les sommes saisies-arrêtées passeraient du domaine du saisi dans celui du saisissant, ce qui rendrait nulles les saisies-arrêts postérieures, puisqu'elles ne pourraient plus s'asseoir sur des valeurs qui, par l'effet du jugement de validité, auraient cessé d'être la propriété du débiteur?

Avant d'examiner cette grave question, il importe de faire deux observations préliminaires :

1° La difficulté ne peut s'élever que lorsque le saisissant n'a point obtenu du tiers saisi les sommes dues par celui-ci, car dès qu'il a touché ces sommes, soit seul, soit par contribution avec d'autres, la propriété ne peut lui être enlevée par aucun événement ultérieur;

2° Quelle que soit l'opinion qu'on adopte, si la saisie-arrêt porte sur un objet autre qu'une somme d'argent, il faut du moins reconnaître que le jugement de validité ne transporte pas au saisissant la propriété de cet objet (ce qui n'est possible qu'en cas de gage, art. 2078, C. civ.), et qu'il lui donne seulement le droit de le faire vendre et d'en faire distribuer le prix suivant les formes tracées au titre de la saisie-exécution. Ce ne sera qu'après la saisie pratiquée, après la collocation définitivement arrêtée, que les autres créanciers saisissants postérieurs pourront être exclus par ceux qui les précèdent.

Ceci posé, nous devons dire que la jurisprudence et la majorité des auteurs répondent affirmativement à cette question (1). Nous ne pouvons mieux d'ailleurs exposer la théorie généralement adoptée qu'en reproduisant les motifs d'un arrêt de cassation, du 31 janvier 1842, cassant un arrêt de la Cour de Bourges. .

« La Cour,... — Vu les art. 1350, 1351 et 1690,
» C. civ., 557, 567, 573, 575 et 570, C. proc; — attendu
» en fait, etc., etc. ; — attendu en droit que l'effet nécessaire
» des jugements qui, en déclarant les saisies valables, ont
» ordonné que les tiers saisis videraient leurs mains en celles
» du saisissant, a été de dessaisir Brazier des sommes arrê-
» tées pour en faire *attribution et transport* au saisissant;
» qu'on ne saurait méconnaître cette attribution sans refuser
» à la chose jugée toute espèce d'efficacité, et que d'ailleurs
» l'attribution est d'autant plus incontestable que les juge-
» ments étaient obligatoires pour les tiers saisis eux-mêmes
» s'ils se reconnaissaient débiteurs, quoiqu'ils n'y eussent
» pas été parties, puisque, aux termes de l'art. 576, C. proc.,
» il n'était besoin d'aucune autre procédure contre eux
» pour qu'ils pussent valablement se libérer; — attendu
» que les art. 573 et 575 dudit Code ne pouvaient être un
» obstacle à l'attribution du premier saisissant, parce qu'ils
» ne trouvent leur application que dans le cas du concours
» de plusieurs saisies-arrêts coexistantes avant le dessaisis-
» sement du débiteur saisi, cas où la même créance, se

(1) Citons cependant en sens contraire : Rennes, 19 juillet 1820; Paris, 8 juin 1826, et 10 mai 1842; Angers, 3 avril 1830; Colmar, 10 août 1838, et parmi les auteurs, MM. Roger, Pigeau. — Voir aussi l'arrêt de 1639, mentionné dans la partie historique.

» trouvant en même temps arrêtée au profit de plusieurs
» saisissants, ne peut être attribuée à l'un que sauf et sans
» préjudice du droit des autres opposants, entre lesquels
» alors il y a lieu à la distribution par contribution ; —
» qu'il en est de même de l'art. 579 du même Code, qu'il
» ne faut pas séparer de l'art. 578 qui le précède, et ayant
» l'un et l'autre pour objet spécial, non la saisie d'une créance,
» mais la saisie d'effets mobiliers, dont le prix doit être dis-
» tribué entre tous les créanciers ; — attendu enfin qu'en
» matière de transport de créance conventionnel ou judi-
» ciaire, la loi n'établit aucune différence entre les créances
» échues et celles à échoir, ni entre les créances liquides
» et celles certaines et celles éventuelles ; que les unes et
» les autres peuvent être l'objet d'une cession comme d'une
» saisie-arrêt, sauf au cessionnaire ou au saisissant à subir
» les conséquences du terme, de la liquidation ou de l'éven-
» tualité, — et attendu, d'après ce qui précède, que l'arrêt
» attaqué, en ordonnant la distribution des sommes saisies
» par contribution entre des créanciers dont les saisies
» n'étaient survenues qu'après le dessaisissement du débi-
» teur commun, a violé évidemment les art. 1351 et 1690,
» C. civ., ainsi que les art. 567 et 576, C. proc., et fausse-
» ment appliqué les art. 557 et 573, même Code, casse... »

Quelque témérité qu'il y ait à combattre une théorie aussi généralement adoptée, nous croyons que la doctrine de cet arrêt n'est pas fondée, et nous allons chercher à le prouver en discutant chacun des motifs de l'arrêt.

D'abord, la Cour de cassation consacre l'attribution au premier saisissant, en invoquant l'autorité et l'efficacité de la chose jugée et la force obligatoire du jugement pour le tiers saisi lui-même, s'il se reconnaissait débiteur. — Mais la question est précisément de savoir quelle est la chose jugée en ce cas. Il nous semble que le jugement ne fait pas d'attribution au saisissant ; il se borne à indiquer un *mode de payement,* et en reconnaissant la validité de la saisie, il déclare simplement que le débiteur principal est dans l'impuissance de disposer des sommes saisies-arrêtées au préjudice du saisissant, motif des dispositions contenues dans les art. 1242 et 1298, C. civ.

Le jugement ne prononce que la validité de la saisie ; il ne peut opérer un transport qui répugne aux notions les plus certaines. Il est évident, en effet, nous l'avons dit, qu'il ne s'opère point de *novation* par laquelle la partie saisie se trouverait libérée et le tiers saisi deviendrait seul débiteur. La novation ne se présume pas et ne peut résulter d'une simple indication de payement (art. 1273, 1275, C. civ.).— Pigeau s'exprime ainsi à cet égard (1) : « Si le jugement est
» considéré comme un *transport,* le saisi sera considéré
» comme un cédant, et le cédant ne répondant pas de la
» solvabilité du débiteur lorsqu'il ne s'y est pas engagé
» (1694, C. civ.), il résulte que si le tiers saisi devient
» insolvable, ce sera pour le compte des créanciers qui
» n'auront aucun recours contre leur débiteur, c'est-à-dire
» contre le saisi. Si ce jugement est considéré comme la
» *délégation parfaite* de l'art. 1276, C. civ., cette délé-
» gation déchargeant le débiteur qui l'a faite, le créancie·
» n'a pas de recours contre lui pour insolvabilité survenue
» depuis s'il n'y a réserve expresse, et il en résultera que
» si le tiers saisi, nouveau débiteur, devient insolvable, la
» perte sera pour les créanciers sans recours contre le saisi,
» qui est libéré... On doit donc décider que le titre des
» créanciers est la *délégation imparfaite.* » — Les con-

(1) Pigeau, t. I, p. 634.

clusions mêmes du saisissant prouvent qu'il n'a demandé en sa faveur ni une novation, ni le transport des sommes saisies. Il s'est borné à demander qu'il plût au tribunal valider la saisie, et pour faciliter le payement de sa créance, condamner le tiers saisi à lui payer ce que celui-ci devrait au saisi.

La Cour de cassation prétend que les art. 573 et 576, C. proc., qui parlent de nouvelles saisies-arrêts survenues depuis la première, ne trouvent leur application que dans le cas de plusieurs saisies-arrêts coexistantes avant le dessaisissement du débiteur saisi, et non pas survenues après le jugement. — Cette interprétation gratuite revient à dire que le jugement dégage le premier saisissant, le met à part en lui donnant, sinon un droit de propriété impossible à comprendre, comme nous venons de le dire, au moins un droit de préférence, un privilége. Or, ce privilége n'est écrit nulle part dans la loi. On ne peut, en matière de privilége, raisonner par analogie; l'art. 2093, C. civ., est donc applicable.

Les art. 578 et 579, C. proc., dit ensuite la Cour de cassation, *;* prévoient que le cas de plusieurs saisies coexistantes, et spécialement la saisie d'effets mobiliers dont le prix doit être distribué entre tous les créanciers. — D'abord nous ne voyons pas que l'art. 570 soit si intimement lié à l'art. 578 qu'il ne doive viser nécessairement comme lui que la saisie d'effets mobiliers. Le Code suppose que plusieurs créanciers peuvent établir chacun une saisie-arrêt aux mains du même tiers saisi; mais recherche-t-il les droits de ces créanciers s'ils ont ou non opposé une saisie coexistante avec la première? Non; il ne règle que les formalités à suivre pour procéder valablement à l'opposition d'une saisie-arrêt, et il s'arrête là.

L'art. 579 dispose d'ailleurs que « si la saisie-arrêt est
» déclarée valable, il sera procédé à la vente et distribution
» du prix ainsi qu'il sera dit au titre de la distribution par
» contribution. » C'est donc à ce dernier titre qu'il faut recourir pour rechercher la manière dont les intérêts respec-
tifs doivent être déterminés après l'établissement des saisies-
arrêts. Or, nous trouvons au titre de la *distribution par
contribution* les art. 657 et 660 où le législateur reconnaît des oppositions simples qui ne sont pas même des saisies-
arrêts, et fait participer à la distribution, concurremment
avec les saisissants, des créanciers simplement *opposants*.
Le seul privilége que la loi accorde au saisissant qui n'en
a pas d'autre, c'est celui des frais de justice (art. 662,
C. proc.). Or, pourquoi en serait-il autrement des sommes
saisies-arrêtées au lieu de sommes saisies-exécutées, lorsque
la loi veut que dans les deux cas les règles sur la distribution soient suivies?

La Cour de cassation dit enfin qu'en matière de transport
de créance conventionnel ou judiciaire, la loi n'établit aucune distinction entre les créances échues et celles à échoir,
ni entre les créances liquides certaines ou éventuelles. Sur ce
point, nous partagerions l'avis de la Cour si nous admettions
que le transport a lieu, car du moment que les unes ou les
autres de ces créances peuvent être l'objet d'une cession,
elles peuvent de même être l'objet d'une saisie-arrêt, sauf
au saisissant à subir les conséquences de la liquidation et de
l'éventualité.

La doctrine de la jurisprudence ne pouvant s'appuyer,
comme nous croyons l'avoir démontré, sur les textes de la
loi, donne lieu à des hésitations fâcheuses. — Faut-il, en
effet, appliquer l'art. 1690, C. civ., à ce transport judiciaire
pour le compléter? Le jugement de validité suffira-t-il pour

ensaisiner le saisissant, ou bien faudra-t-il la notification au saisi et au tiers saisi (1)? Ou bien le jugement devra-t-il être passé en force de chose jugée (2)? Dernier système auquel on peut objecter que ce jugement de validité n'acquerra jamais l'autorité de la chose jugée à l'égard des créanciers qui n'ont pas été parties au jugement (art. 1351, C. civ.).

Voici quelques-unes des conséquences du système de la jurisprudence :

Les créanciers dont l'opposition est postérieure au jugement ne sont pas recevables à former tierce opposition au jugement de validité; ils n'ont aucun droit ni aucun intérêt à critiquer la chose jugée (3). — Il faut décider, au cas où le saisi tomberait en faillite après un jugement de validité mais avant que le payement soit effectué par le tiers . saisi au saisissant, que le tiers saisi devrait payer, non à la masse, mais au créancier qui a fait signifier le jugement de validité par lui obtenu, si on considère le jugement comme ayant opéré un transport et donné la saisine à ce dernier. Si on admet l'opinion contraire, on décidera que les deniers saisis doivent être distribués à la masse des créanciers du failli (4). — Si en adoptant le premier système on pense que la saisine ne peut être opérée que par un jugement de validité signifié et passé en force de chose jugée, il faut décider que si le jugement se trouve frappé d'appel ou d'opposition, au moment où le saisi vient à tomber en faillite, les sommes arrêtées doivent être attribuées à la masse des créanciers et non au saisissant seul (5).

---

(1) Paris, 21 décembre 1858.
(2) Rennes, 6 mars 1867 — Cass., 13 février 1863.
(3) Req., 15 avril 1856.
(4) Angers, 3 avril 1830.
(5) *Contra :* Bourges, 14 juillet 1851.

— L'art. 579 dit que la saisie déclarée valable, « ...il sera procédé à la vente... » Cette disposition vise les objets corporels; nous avons dit déjà que cette vente doit se faire suivant les formes tracées au titre de la saisie-exécution.

— Il sera procédé ensuite « ...à la distribution du prix » ainsi qu'il sera dit au titre de la distribution par contri- » bution. »

La distribution des deniers arrêtés se fait entre les divers créanciers saisissants, devant le tribunal qui a déclaré la saisie valable selon le chiffre et la nature de leurs créances.

Nous avons vu *supra* qu'on admet sans difficulté à la distribution par contribution les créanciers qui n'ont pas formé d'opposition. — Mais au cas des choses déclarées insaisissables par les n°ˢ 3 et 4 de l'art. 581, C. proc., les créanciers qui ont besoin de la permission du juge pour les saisir dans la proportion que détermine le magistrat, ne sauraient, s'ils n'ont pas obtenu cette permission, ni formé d'opposition, participer à la distribution. En effet, la consignation des sommes que le tiers saisi a faite, ou le versement qu'il va en faire, ne change en rien le droit de ceux qui se présentent pour les toucher. Si donc parmi les créanciers il en est à l'égard desquels elles soient insaisissables ou saisissables avec permission du juge, ils n'auront pas plus le droit de participer à leur distribution qu'ils n'ont pu les saisir avant qu'elles fussent distribuées.

Lorsque plusieurs saisies-arrêts pratiquées sur le même débiteur par les mêmes créanciers ont donné lieu à des demandes en distribution de deniers devant des tribunaux différents, la distribution doit être attribuée au premier tribunal saisi (1).

<hr>

(1) Cass., 23 août 1809.

Le tribunal civil resterait compétent, et la distribution devrait être continuée et mise à fin, si, depuis qu'elle a été ouverte, et même avant le règlement provisoire, le saisi est tombé en faillite (1). — Il en est ainsi, à plus forte raison, si le règlement provisoire est intervenu avant la déclaration de faillite, bien que l'époque de la faillite ait été reportée à une date antérieure à la poursuite de contribution (2). — Mais si la faillite était déclarée avant l'ouverture de la distribution, les fonds saisis devraient être distribués entre les créanciers du saisi, conformément aux règles prescrites par les lois commerciales, et non d'après le Code de procédure.

Par suite, tant que la distribution des sommes saisies-arrêtées sur un failli n'a pas été consommée, la forclusion ne peut être prononcée contre les créanciers qui ne se présentent qu'après le règlement provisoire. La disposition de l'art. 664, C. proc., ne s'applique point au cas de faillite (3).

La Cour de Paris a aussi jugé que lorsqu'un commerçant a cessé ses payements et a été admis au bénéfice de cession sans avoir été déclaré en faillite, son actif mobilier, frappé de saisie-arrêt, doit être distribué, non par voie de contribution, mais suivant le mode déterminé par le Code de commerce, en matière d'union après faillite (4).

Du reste, hors les cas précédents, il faut suivre les principes établis en matière de distribution par contribution. Si donc, dans le mois à partir du jour de la signification au tiers saisi du jugement qui fixe ce qu'il doit rapporter (ordonn. du 3 juillet 1816, art. 8), les créanciers ne s'entendent pas sur le partage des sommes arrêtées, on se conforme aux art. 656 et suivants, C. proc.

(1) Paris, 5 juin 1823.
(2) Paris, 30 mars 1818.
(3) Rouen, 18 avril 1828.
(4) Paris, 20 mars 1837.

POSITIONS.

DROIT ROMAIN.

I. — Le mot *caput* de la *capitis deminutio* est pris dans le sens de *status*.

II. — La cession de biens n'était permise qu'au débiteur malheureux et de bonne foi.

III. — Pour que le contrat *litteris* existe, il suffit qu'il soit mentionné sur le *codex* du créancier.

IV. — Les mots de la loi 15, § 4, *de Re judicata : Ut tantum capioni res judicata proficiat*, doivent s'entendre comme s'il y avait *pignoris capioni*.

V. — L'exécution du *jussus* pouvait parfois avoir lieu *manu militari*.

DROIT FRANÇAIS.

DROIT CIVIL.

I. — L'art. 299, C. civ., au titre du divorce, est applicable à la séparation de corps.

II. — Quand une succession n'a été acceptée que sous bénéfice d'inventaire, les créanciers du défunt peuvent former des saisies-arrêts entre les mains des débiteurs de cette succession.

III. — La clause d'insaisissabilité insérée dans un legs d'immeubles n'est jamais opposable aux créanciers du légataire.

IV. — Avant d'exercer les actions de leur débiteur, les

créanciers n'ont pas besoin d'intenter une demande en subrogation ni d'obtenir un jugement qui les subroge à ses droits.

V. — Le débiteur d'une somme liquide peut la saisir-arrêter entre ses mains pour sûreté d'une somme non liquide que lui doit son créancier.

VI. — Sous le régime de communauté légale, le mari ne peut aliéner les meubles propres de sa femme sans son consentement.

VII. — Le droit de rétention est un droit réel.

VIII. — En matière d'ouverture de crédit, l'hypothèque ne prend rang qu'à partir du jour où les premières avances ont été faites.

PROCÉDURE CIVILE.

I. — On ne peut pratiquer saisie-arrêt en vertu d'un jugement frappé d'un appel même entaché de nullité.

II. — Ni le créancier, ni le débiteur n'ont de recours contre l'ordonnance qui refuse ou accorde l'autorisation de saisir-arrêter.

III. — La demande du saisi en dommages-intérêts ne servira à établir si le jugement est susceptible ou non d'appel, que si elle est basée sur un fait antérieur à la saisie-arrêt.

DROIT COMMERCIAL.

I. — Une femme mariée peut contracter un engagement théâtral avec l'autorisation de justice, à défaut de l'autorisation du mari.

II. — On ne peut saisir-arrêter les expéditions d'un navire.

DROIT PÉNAL.

— La résistance à un acte illégal ne constitue pas rébellion.

DROIT ADMINISTRATIF.

I. — Le prix de location d'un bureau de tabac ne peut être saisi-arrêté pour la totalité, les produits du bureau étant assimilables à un traitement et ayant un caractère essentiellement alimentaire.

II. — Les créanciers ordinaires d'un titulaire d'un office ou d'un comptable ont la faculté, alors même que celui-ci est encore en fonctions, de saisir, non-seulement les *intérêts*, mais encore le *capital* de son cautionnement.

DROIT INTERNATIONAL.

I. — Par quelle loi sont régis les meubles de l'étranger situés en France? — Il faut distinguer.

II. — Les tribunaux français sont compétents dans tous les cas pour juger les contestations entre étrangers.

HISTOIRE DU DROIT.

— Il y avait deux sortes de juridictions seigneuriales : les juridictions ou justices *féodales*, et les juridictions ou justices *justicières*.

ÉCONOMIE POLITIQUE.

— La limitation du nombre des offices ministériels a sa raison d'être.

JULES ROUXEL.

Vu pour l'impression :

Le doyen,
ED. BODIN.

TABLE DES MATIÈRES.

PREMIÈRE PARTIE.

DROIT ROMAIN.

DEUXIÈME PARTIE.

DROIT FRANÇAIS.

TITRE PREMIER.

TITRE DEUXIÈME.

TITRE TROISIÈME.

Typ. Oberthur et fils, à Rennes, imp. de l'Académie.